Keizaihyouronka no Chichi kara Musuko heno Tegami
Ⓒ Kaoru Yamazaki
First published in Japan 2022 by Gakken Inc., Tokyo
Korean translation rights arranged with Gakken Inc.
through EntersKorea Co., Ltd.
Korean translation copyrights Ⓒ 2025 by no book

이 책의 한국어판 저작권은 (주)엔터스코리아를 통해
저작권자와 독점 계약한 노북(no book)에 있습니다.
저작권법에 의하여 한국 내에서 보호를 받는 저작물이므로
무단전재와 무단복제를 금합니다.

경제평론가 아빠가 아들에게 보내는 편지

돈과 인생과 행복에 대해

야마자키 하지메
山崎 元

노엔북

서문

나는 오늘 대학에 입학한 아들에게 편지를 썼다. 이 편지에는 「돈을 버는 방법」과 「돈을 불리는 방법」에 대한 나의 생각을 적었다. 이 책은 그 내용을 충분히 설명하기 위해 쓴 것이다.

이 책의 주요 독자는 아들과 비슷한 나이의 자식을 둔 부모들이나, 이제 곧 사회에 나가 일을 시작해 돈을 벌고 불리고 쓰게 될 청년들이다. 물론 내 아들도 여기에 포함된다.

나는 내 아들뿐만 아니라 모든 독자가 효율적으로 돈을 벌고, 올바르게 불리며, 기분 좋게 쓸 수 있게 되길 간절히 바란다. 그래서 정리한 생각과 구체적인 방법을 전하고자 하는 것이 이 책의 목적이다.

나는 내 아들이나 청년들에게 「무조건 돈을 많이 벌라」고 말하고 싶지 않다. 돈은 목적이 아니라 필요를 채우는 수단일 뿐이다. 큰 부자를 목표로 삼아도 좋고, 그렇지 않아도 된다. 선택은 각자의 자유다. 다만, 돈을 벌고 불리는 방식에서「불리한 측」에 서지 않길 바란다. 무작정 일만 하고 세상이 흘러가는 대로 휩쓸리다가, 자신이 일방적으로「이익을 제공하는 측」에 서서 손해를 보는 일이 많다. 자본주의 경제란 원래 그런 구조이기 때문이다. 또 스스로 돈 전문가라 말하고 다니는 사람들을 무턱대고 따르면, 결국「봉」이 되기 쉽다.

특히 인생에 큰 영향을 주는 것은 바로「일하는 방식」이다. 매년 취업 시즌이 되면, 모두가 비슷비슷한 취업용 정장을 입고 회사 설명회에 참석하는 대학생들의 모습이 뉴스에 나온다. 그리고 다음 해 봄이 되면, 취업에 성공한 학생들이 신입사원 교육을 받는 모습을 보면 나는 안타깝다.

그들 대부분은 경제적으로「불리한 측」에 서서, 기업에게 이익을 빼앗기며 비효율적인 삶을 살게 되기 때문이다. 그리고 똑같은 옷과 표정으로 상징되듯, 회사 입장에서는 「교체 가능한 존재」로 취급돼 약자의 인생을 시작한다.

정직원이 되면 본인도 부모도 안심하지만, 요즘은 부모 세대와 일하는 방식과 돈 버는 방식이 완전히 달라졌다. 그런데도 부모와 자식이 이를 제대로 인식하지 못하고 있다. 사실 일에 대한 마인드셋은 과거와 「정반대」라고 해도 좋을 만큼 많이 변했다.

태어날 때부터 부자인 극히 드문 경우를 제외하면, 인생의 풍요로움을 결정짓는 가장 큰 요소는 일하는 방식이다.

이 책에서는 먼저 과거의 일하는 방식이 이제는 왜 더 이상 통하지 않게 되었는지, 그리고 지금은 어떻게 일하는 게 유리한지 그 이유와 함께 설명한다. 이와 더불어 평생 도움이 될 돈의 관리법, 행복한 삶을 위한 지혜도 경제 구조와 함께 간결하게 전달하고자 한다.

이 책은 아들에게 이야기하듯 썼다. 아들이 마침 대학에 입학한 시기라 이 책의 주제와도 잘 맞는다. 대학 입학 무렵이야말로 일하는 방식과 돈 문제를 고민하기 가장 좋을 때다. 졸업할 때쯤이면 조금 늦다. 18세부터는 어른이다. 더는 과하게 감싸줄 필요 없다는 뜻이다. 때로는 어투가 좀 거칠더라도 이해해주기 바란다.

무엇보다 독자에게 실용적이고 도움이 되는 내용을 전하는 것을 가장 중요하게 생각했다. 이 책이 여러분의 즐거운 인생에 도움이 되길 바란다.

야마자키 하지메(山崎 元)

목차

서문 4

제 1 장

일하는 방식 · 돈 버는 방법 15

옛날 방식은 통하지 않는다 : 지금 당장 일하는 법을 바꿔라

「새로운 일의 방식」은 효율성과 자유를 추구한다.

안정을 버리고 주식을 선택하라 : 빠른 자산 증식의 비밀

평범한 샐러리맨 탈출법 : 창업·벤처·스톡옵션으로 부를 잡아라

내 돈보다 큰 부를 만드는 주식성 보상 전략

투자와 달리, 주식성 보상은 「손해는 적고」 기회는 크다

빚 내서 투자하면 수익도 커지지만 위험도 커진다

부동산 투자, 달콤함 뒤의 감춰진 위험

신용거래, FX, 암호자산, 투자인가 도박인가

주식성 보상으로 안전하게 도전하는 법

변화하는 시대, 유리하게 일하는 3가지 열쇠

경제평론가 아빠가
아들에게
보내는 편지

돈과 인생과 행복에 대해

제 2 장

돈을 불리는 방법과 자본주의 경제의 구조 ... 53

돈을 불리는 가장 쉬운 방법 : 기본만 지켜라

빚 없이 해결할 수 있는 「생활 자금」은 항상 확보해라

운용 자금은 전액 「전 세계 주식 인덱스 펀드」로 충분하다

손해가 너무 싫다면, 「개인 대상 국채 변동 금리형 10년 만기」

금융기관은 대형 인터넷 증권사가 좋다

운용의 세 가지 원칙은 「장기」, 「분산」, 「저비용」

「장기 투자」는 사고팔지 않고 묵묵히 보유하는 것

집중 투자보다 분산 투자가 훨씬 낫다

수수료란 「확실한 마이너스 수익」이다

인덱스 펀드가 무조건 좋은 것은 아니다

액티브 펀드는 거의 모두 실패한다

액티브 펀드가 실패하는 이유는 「평균 투자 유리(有利)의 원칙」 때문이다

「전 세계 주식」을 선택하는 이유도 「평균 투자 유리의 원칙」

주식 투자의 정확한 의미를 알자

생산에는 「자본」과 「노동력」을 사용한다

자본이란 무엇인가 : 생산과 경제의 기본 자원

전형적으로는 노동자가 이익을 제공한다

리스크를 지고 싶지 않은 노동자가 낮은 임금에 만족한다

「교체 가능한」 노동자는 약한 입장에 놓인다

자본가와 채권자의 힘의 관계는 변한다

자본가를 봉으로 만드는 「노동자 타입 B」의 등장

「노동자 타입 A」만은 되지 않도록 온힘을 다해 피해라

「노동자 타입 B」를 향해 적당한 수준의 목표를 설정하라

주식의 수익은 성장에서가 아니라 주가 형성에서 발생한다

주가는 미래 이익이 할인된 현재 가치다

고성장이든 저성장이든 할인율이 같으면 기대 수익률은 같다

분산 투자는 투자자가 스스로 할 수 있는 운용의 개선이다

주식 투자는 단순히 「일하지 않고 돈을 버는 것」이 아니다

돈 문제는 감정을 배제하고 이성적으로 계산하며 생각하라

인간관계와 돈 문제는 완전히 분리하라

보험이란 「손해 보는 내기」이다

돈은 단순하게 관리하고 관대하게 써라

경제 격차는 「자본의 리스크」와 「리더십」에서 생긴다

경제평론가 아빠가
아들에게
보내는 편지

돈과 인생과 행복에 대해

제 3 장

조금 더 이야기해 두고 싶은 것 113

> 일하는 요령, 메모

자신의 인재 가치를 중심으로 생각하라

첫 직장은 「흥미롭고」, 「가치관에 맞는」 일

빨리 「이직할 수 있는 인재」가 되라

자기 투자로 얻는 것은 지식·스킬·경험·인간관계·시간

시간의 경제적 의미 : 연봉과 시급으로 본 가치

한 분야에 대한 자기 투자 기준은 「2년」

「머리가 좋은 사람」, 「재미있는 사람」, 「진짜 좋은 사람」과 어울려라

인간관계의 기본은 「시간 엄수」와 「산뜻한 인사」

스터디 모임은 주최하는 역할을 맡아라

회식은 대충하지 마라

술은 「한 단계 위」를 마셔라

커리어 플래닝에서 의식해야 할 「28세」, 「35세」, 「45세」

28세는 30대 전반을 살리기 위한 데드라인

35세에 인재로서의 평가가 정해진다

45세가 커리어의 분기점

이직은 「인재 가치를 살리기 위한」 수단이다

이직해도 좋은 이유는 세 가지

이직을 「항상」 의식하라

이직의 「코스트」를 의식하라

작아도 부업 기회는 놓치지 마라

본업이든 부업이든 가끔 점검하라

워라밸은 「적당히」 관리하라

돈은 필요한 만큼만 벌면 된다

기회비용을 놓치지 마라

매몰비용(선입비용)에 얽매이지 마라

평론은 이해관계와 호불호를 잠시 내려놓는 게 핵심

경제평론가 아빠가
아들에게
보내는 편지

돈과 인생과 행복에 대해

마지막 장

작은 행복론 145

행복의 결정 요소는 실은 단 하나

돈과 자유, 그리고 행복 사이의 미묘한 균형

「인기가 없는 남자는 행복해 보이지 않는다」

「동료들의 칭찬」에 큰 가치가 있다!

가치관의 99%는 타인이 만든 개념으로 이루어져 있다

동료들의 평가에는 「강력한 효과」가 있다

자기 승인감에 의한 마인드 컨트롤

의식적으로 복수의 「장소」를 가져라

타인과의 비교라는 피하기 어려운 문제

「20% 늘어난 자유」를 복수로 결합하라

「나의 기쁨」을 언어화하라

「인기」의 비결은 단 하나다

기분 좋게 살아라!

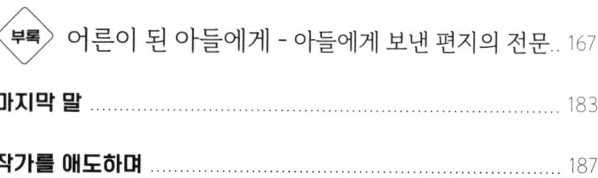 어른이 된 아들에게 - 아들에게 보낸 편지의 전문.. 167

마지막 말 183

작가를 애도하며 187

제 1 장

일하는 방식 · 돈 버는 방법

옛날 방식은 통하지 않는다 : 지금 당장 일하는 법을 바꿔라

아들아, 이제 그 이야기를 시작해 보자.

먼저, 옛날 세대의 일하는 방식이 어떤 것이었고, 왜 지금은 더 이상 통하지 않는지 살펴보자.

「쇼와 시대(1920~1980년대)에 태어난 사람들의 일하는 방식」은 크게 이렇게 정리할 수 있다.

「안정된 직장을 얻고, 승진하며, 자신의 노동력을 높은 임금에 오래 파는 것」이 목표였다. 좋은 직장은 대기업이나 공무원, 의사나 변호사 같은 전문직이었다. 이런 직업들은 시간당 단가가 높고, 「걱정없이 먹고살 수 있는」 직업으로 여겨졌다.

샐러리맨이라면 「가능한 한 대기업과 같은 안정된 회사에 들어가서」, 「실패를 피하고, 인사 평가 경쟁에서 이겨」, 「최대한 높은 직급으로 올라가는 것」

이 성공의 길이었다. 부장, 임원 등 최종 직책이 높을수록 연봉이 증가했고, 퇴직금이나 퇴직 후 처우에서도 차이가 났다. 이렇게 살면 상대적으로는 꽤 괜찮은 부자가 될 수 있었다.

하지만 「해고를 당하게 되면」 큰 리스크가 있었다. 해고된 회사와 비슷한 안정감과 사회적 지위를 지니며, 비슷한 보수를 주는 기업에 재취업하는 것이 매우 어려웠기 때문이다. 그래서 대기업에 취업하여 그곳에 오래 다니는 것이 중요했다.

한 조직에 계속 머무르게 되면 더욱 중요해지는 것이 인사다. 인사 평가에서 감점을 받으면, 이것이 평생 꼬리표처럼 따라다닐 가능성이 있었다. 고용하는 쪽에서는 인사 평가의 차이를 미끼로 삼아, 많은 돈을 들이지 않고도 직원을 마음껏 부릴 수 있었다.

인사는 기본적으로 호불호에 따라 결정된다. 이것은 현대에도 마찬가지이며, 전 세계적으로 공통된 현상이다. 미움을 받는 사람이 탈락하는 시스템인 것이다. 평가자의 뜻에 따라야 하며,「눈 밖에 나서 나쁜 인상을 주는 것」을 피하는 것이 샐러리맨의 기본자세였다.

하지만, 전통적인 일의 방식에서는, 동기 입사자 100명 중 1~2명 정도만 될 수 있는 임원 승진에 성공한 이들조차「더 높은 급여와 보너스」의 형태로 자신의 시간을 팔아 돈을 버는 것에 불과하다는 점에 주목해야 한다. 샐러리맨은 승진하여 자신의 노동 시간 단가를 높이고, 오래 근무하며, 더 많은 돈을 얻으려 했다.

한편, 의사나 변호사와 같은 전문직 종사자로「높은 시간 단가」에 자신의 노동을 파는 방법도 있었다. 이러한 직업들은 오랫동안「수입이 좋고, 사회적 지위가 높으며, 안정적이고 좋은 직업」으로 여겨져 왔다. 다만, 이러한 전문직 역시「자신의 시간을 팔아 돈을 버는」시간 판매 비즈니스 모델이라는 점은 변함이 없다.

이러한 상황은 지금도 여전히 남아 있긴 하지만, 「대기업 임원」, 「의사」, 「변호사」와 같은 직업을 갖는데 성공한 이들은 많아야 수억 엔 단위의 자산을 가진 「중산층 부자」에 불과하다. 게다가 대부분 그 부는 노년기에 들어서야 형성된다. 그에 비해 그 위치에 오르는 장벽은 매우 높다.

예전의 일하는 방식대로 살게 되면, 앞으로 매우 불편한 직업 인생을 살게 될 것이며, 성공 확률도 낮고, 설령 성공한다고 해도 큰 부자가 될 수 없다. 그러니 더 이상 이런 방식은 재미도 없고 효율이 낮으니 그만두는 게 낫다.

좀 더 정확히 말하면, 한 번 정도는 기업에 취업을 해보는 것은 괜찮지만, 가능한 한 빨리 다른 선택지를 찾아야 하며, 기업과의 관계나 일하는 방식은 예전과는 다른 스타일이 요구된다. 당장의 직장과 수입 안정에 만족하며 무기력하게 시간을 보내게 되면 인생의 기회는 점점 잃게 된다.

「새로운 일의 방식」은 효율성과 자유를 추구한다

 예전의 일하는 방식이 오랫동안 옳다고 여겨진 이유 중 하나는 경제가 계속 성장했기 때문이기도 했지만, 그보다 더 큰 이유는 근로자들의 협상력이 약했기 때문이다.

 첫째, 이직이 어려워 쉽게 회사를 그만둘 수 없었다.

 둘째, 회사가 정한 직책과 방식에 맞춰 일했기 때문에 늘 자신을 「대체」할 사람이 많다는 생각이 고용자의 힘을 키웠다. 근로자들도 이런 사실을 잘 몰랐다.

 새로운 일하는 방식은 두 가지 목표를 가진다.

 첫째, 「시간을 잘라 파는」 방식으로는 불가능한 높은 효율성을 추구하며, 가능한 한 젊은 시기에 효율적으로 재산을 모으는 것이다.

둘째, 일하는 방식의 「자유」 범위를 과거보다 훨씬 더 넓히려 노력한다.

이 두 목표는 서로 충돌하지 않고 오히려 다른 쪽의 달성도 돕는 상승효과가 있다.

이를 위해 **필요한 마인드셋은 두 가지다.**

① **적절한 「리스크를 항상 감수할 것」**

② **남과 다름을 두려워하지 말고 오히려 이를 위해 「창의적으로 노력할 것」**

아들아, 네게 보낸 편지에서는 이렇게 썼다.

"옛날 스타일은 「자신을 갈고 닦고, 리스크를 줄이며, 확실히 벌겠다」였지만, 이제는 「자신에게 투자한다는 점은 같지만, 실패해도 치명적이지 않은 정도의 리스크를 적극적으로 감수하고, 그에 대한 보상도 받는 것」이 새로운 시대의 돈 버는 방법이다. 리스크에 대처하는 방식이 정반대로 바뀐 것이다." 이 말의 뜻이 바로 지금 설명한 내용이다.

안정을 버리고 주식을 선택하라 : 빠른 자산 증식의 비밀

　새로운 일하는 방식의 핵심은 「주식과 좋은 관계를 맺는 것」이다. 이것만 잘해도 성공에 가까워진다.

　조금 극단적인 예를 들어보자. 2023년 포브스(Forbes)가 발표한 세계 부자 순위 상위 10명 안에 든 사람들을 보면, 모두 보유한 주식의 평가액이 커서 부자가 된 사람들이다. 그중에서 워런 버핏을 제외하면 대부분은 자신이 창립한 회사의 주식을 많이 보유한 채 회사를 성장시켜 부자가 된 이들이다.

　그중 가장 흥미로운 사람은 10위인 스티브 발머일 것이다. 그는 마이크로소프트의 오랜 직원이자 창업자 빌 게이츠의 신임을 받은 평범한 샐러리맨이었다. 회사를 이끌면서 성과는 정체되었지만 주식을 계속 보유했고, 회사가 재성장하면서 주식 가치가 크게 올라 자산 평가액이 10조 엔이 넘었다. 그는 경제적으로는 세계에서 가장 성공한 샐러리맨이라 할 수 있다.

이들 모두가 단순히 노동 시간으로 돈을 벌어 부자가 된 것이 아니다. 그들의 자산은 주식 덕분에 만들어졌다.

주식은 단기간에 큰 자산을 만들 수 있는 여러 좋은 특성을 가지고 있다. 앞으로도 자산을 효율적으로 모으려면, 반드시 주식을 잘 활용하여야 한다.

간단히 말하면, 주식성 보상을 이용하는 데 성공한 사람은, 회사의 일부를 권리로써 소유한다. 그리고 그 권리는 성장성까지 포함해 미래의 가치까지 한꺼번에 평가된 가치를「지금」얻을 수 있는 수단이기도 하다. 그래서 단기간에 큰 자산을 손에 넣을 수 있는 것이다. 주식의 성격에 대해서는 나중에 자세히 설명하겠지만, 이 외에도 주식에는 효율적으로 돈을 만들기 쉬운 특성이 있다.

주식 활용법을 아는 쪽이 단연 유리한 것이다.

더불어, 이제 부자가 되기 위해 목표로 삼아야 할 방향성은, 기존의 「리스크를 지고 착실히 포인트를 쌓는 것」에서 「적절한 리스크를 지고 빠르게 큰 수익을 얻는 것」으로 180도 바뀌었다. 이는 벤처 창업에 참여하는 경우뿐 아니라, 스톡옵션을 제공하는 회사에서 일할 때의 마음가짐에도 적용된다.

적절한 리스크를 계속 감수하고, 남들과 다른 특별한 능력을 갖추기 위한 노력이 필요하다. 만약 「리스크를 지기 싫고 남들과 똑같이 일하고 싶다」는 생각을 하면, 경제적으로 계속 불리한 쪽으로 경제적 「중력」이 작용한다.

경제 구조는 리스크를 감수하는 사람에게 이익을 주고, 리스크를 피하려는 사람에게는 손해를 주도록 설계되어 있다. 이 점은 점점 더 분명해지고 있다.

학생들에게 꼭 알려주고 싶다. 주변과 똑같이 취업 준비만 하며 수십 장의 이력서를 쓰고, 설령 운 좋게 괜찮은 회사에 들어갔다고 해도, 그것이 인생의 목표가 아니며, 직업 인생의 멋진 시작점도 아닐 수 있다.

세계의 부자 순위 Top 10

순위	이름	관련	국가	나이	자산액(10억)달러	자산액(조엔)
1	베르나르 아르노	LVMH	프랑스	74	211.0	27.85
2	일론 머스크	테슬러	미국	51	180.0	23.76
3	제프 베조스	아마존	미국	59	114.0	15.05
4	래리 엘리슨	오라클	미국	78	107.0	14.12
5	워런 버핏	버크셔해서웨이	미국	92	106.0	13.99
6	빌 게이츠	마이크로소프트	미국	67	104.0	13.73
7	마이클 블룸버그	블룸버그	미국	81	94.5	12.47
8	카를로스 슬림 엘루가	텔멕스, 텔셀	멕시코	83	93.0	12.28
9	무케시 암바니	릴라이언스 인더스트리	인도	65	83.4	11.01
10	스티브 발머	마이크로소프트	미국	67	80.7	10.65

(Forbes. 2023년)

평범한 샐러리맨 탈출법 : 창업·벤처·스톡옵션으로 부를 잡아라

앞에서 「주식과 좋은 관계를 맺어 돈을 벌라」는 말을 했는데, 여기서 말하는 것은 「주식 투자로 돈을 불리라」는 말이 아니라, 주식 혹은 주식과 관련된 보수를 받아서 직접 「돈을 벌라」는 뜻이다.

그렇다면 구체적으로 어떻게 돈을 벌 수 있을까?

편지에서는 「창업 혹은 벤처에 참여하거나, 스톡옵션을 주는 회사로 이직하는 것 모두 좋다」고 했는데, 이를 다시 정리해 하면 다음 네 가지 방법이 있다.

① 스스로 창업하기

② 창업 초기 단계에 참여하기

③ 보수의 상당 부분을 자사주 혹은 스톡옵션으로 받는 회사에서 일하기(특히 외국계 기업에 많음)

④ 창업 초기 단계에 자본을 투자하기

이 네 가지 방법을 순서대로 좀 더 상세히 설명하면 다음과 같다.

(1) 스스로 창업하기

자신의 회사를 설립하고, 이 회사의 주식을 공개하여 주식 가치가 오르면 큰 돈을 버는 것이 가장 정석적인 방법이다. 성공한 창업가들이 부자 순위에 많이 이름을 올리는 이유다.

새로운 비즈니스(「서비스」 혹은 「상품 판매」) 아이디어가 떠오르면 회사를 설립하고 사람을 고용하여 사업을 키우는 것이 기본이다.

하지만 창업 성공 확률은 전통적으로 그리 높지 않다. 경제학자 케인스는 유명한 『고용·이자·화폐의 일반 이론』이라는 책의 12장에 경제에 있어서 창업가의 역할이 중요하다는 점을 들면서도, 창업의 성공 확률이 낮고 기대치가 크지 않음에도 불구하고 계속 사람들이 창업하는 것을 신기하게 여겼으며, 이런 현상을 「야성적 충동(Animal Spirits)」이라고 불렀다(다행히 현대에도 이 야성적 동물들이 존재한다).

과연, 그렇게 효율이 낮은 일을 아들에게 권해도 되는 걸까?

아빠는 지금은 「된다」라고 자신 있게 말할 수 있다.

우선, 요즘은 창업이 쉬워졌다. 인터넷 기반의 사업은 예전보다 훨씬 적은 자본으로 시작할 수 있고, 정부를 포함한 금융 지원도 많아졌다. 일본에서는 창업하려면 과거에 자본금 1,000만 엔이 필요했지만, 지금은 「1엔」만 있어도 회사를 설립할 수 있다.

또한, 주식 공개가 쉬워져 창업 성과를 가지고 빠르고 많은 자산을 만들 수 있게 되었다. 과거에는 창업 후 주식 공개까지 단기간에 하기 어려웠으나, 지금은 훨씬 수월하다.

더불어 수시 채용의 증가 등으로 노동 시장의 유동성이 높아져 창업 실패 시 재취업이 쉬워진 점도 창업 부담을 줄여준다. 회사가 고용한 직원에게도 회사 사업 실패나 해고 비용을 낮추는 효과가 있다.

과거에는 학교를 졸업하고 취업 대신 창업을 선택하면, 「대졸 공채」 시즌에 정규직 입사를 포기하게 되어 큰 손해라고 여겼지만, 지금은 「창업 경험이 있는 인재」를 채용하려는 회사가 많다.

다만, 창업이 내 성격에 맞는지는 잘 생각해야 한다. 사람을 고용하고 급여를 지급해야 할 책임과 대인관계 압박을 견딜 수 있어야 하기 때문이다. 이 문제는 개인차가 크다.

「돈을 주고 일하게 하는 것이니 나와 직원의 관계는 공정하다. 잘 안되면 "미안하다"고 말하고 그만두게 하는 정도의 마음가짐이면 충분하니까, 급여 지급이 가능하다면 사람을 고용해 창업해 보는 것도 좋은 경험이 된다.

한편, 대외 활동이 서투르다면 다음에 설명할 창업가 초기 파트너가 되어 「제2의 스티브 발머」를 목표로 삼아도 좋다.

참고로, 아빠가 그동안 창업을 하지 않은 이유는 「사람을 고용하는 데서 오는 압박과 무거운 책임감」 때문이었는데, 이제서야 그때 좀 가볍게 생각하고 넘어갔으면 좋았을 거라는 후회가 남는다.

사실 「사장」이라는 존재는 제멋대로인 경우가 많은데, 벤처 기업의 사장은 더 그렇다. 그래서 **제멋대로인 사장에게 휘둘려 일할 것인지, 아니면 자신이 다른 사람을 휘두르는 쪽에 설 것인지를 한번 생각해 보고, 「내가 휘두르는 편이 훨씬 낫겠다!」고 생각하는 것은 매우 자연스럽고 좋은 일이다.**

요즘은 평범한 젊은이들도 창업을 생각하는 것이 전혀 이상하지 않은 시대가 되었다.

(2) 창업 초기 단계에서 참여하기

창업이 유망하다고 해도, 「비즈니스 아이디어」가 떠오르지 않거나, 자신이 창업가에 적합한지 모를 때는 직접 창업하기보다 창업 초기 벤처 기업에 참여하는 방법도 있다.

이때는 기회에 민감하게 반응하는 것이 중요하다. 가능한 한 똑똑하고 재미있는 사람들과 친하게 지내라. 네가 그 분야의 천재가 아니어도, 천재들이 너와 친하게 지내줄 것이고, 너의 역할도 분명히 찾을 수 있을 것이다.

여기서 중요한 것은 입사하거나 입사 직후에 회사 주식 관련 권리는 확실히 확보하는 것이 좋다. 예를 들어 언제, 어떤 시점에 「자사주 몇 주를 부여한다」거나 「스톡옵션(미래에 일정 가격으로 주식을 살 수 있는 권리) 몇 주를 준다」는 약속을 가능한 한 서면으로 받아 두어야 한다.

입사 경위에 따라 언제 서면으로 조건을 확정할지는 어렵지만, 사장의 구두 약속은 믿지 않는 편이 좋다.

내 주변에도 벤처 창업자로부터 자신의 오른팔로 창업 초기부터 함께 일해주면 「주식 공개 시 발행 주식의 10%를 주겠다」는 말만 믿고 열심히 일한 사람이 있다. 그러나 실제로 주식 공개할 시점에 사장이 금액을 계산해 보더니 주식을 나눠주기 아까웠던지 눈물까지 글썽이며 「1%면 안 되겠냐」고 사정을 해서 어쩔 수 없이 받아들였다며 웃으며 내게 말한 적이 있다. 그래도 억대나 되는 돈을 받긴 했지만, 예정된 금액보다 10배나 적은 양이었다.

창업 맴버가 아니더라도 사원 번호가 2 자리 이내라면, 10년 정도 일하고 회사가 커졌을 때 주식 가치가 억대가 된 경우는 흔하다.

주식 공개 가능성과 회사에서 얻을 이익을 잘 판단하고, 벤처 기업과 「어느 정도까지 관계를 맺을지」를 스스로 결정해야 한다. 단기간에 큰돈을 벌 수 있는 좋은 방법인 것만은 분명하다.

거듭 말하지만, 사장은 제멋대로인 경우가 많고, 시간이 흐를수록 더 그렇다. 벤처 창업자는 더욱 제멋대로이고 변덕스럽기까지 하다. 함께 일하는 데 어려움이 많이 생길 거니까, 벤처 기업 입사 시에는 「사장과의 개인적 궁합」을 충분히 고려하는 것이 좋다.

벤처에서 일하는 것은 힘들다. 예를 들어, 마이크로소프트 창업자인 빌 게이츠는 「인생에는 일보다 더 중요한 것이 있다. 필요할 때는 쉬어라」라며 워라밸(일과 삶의 균형)의 중요성을 강조하기도 했지만, 이런 입지전적인 인물들조차 창업 초기에는 거의 예외 없이 워커홀릭이었다. 빌 게이츠는 창업 초기에 창밖 주차장쪽을 바라보며 일찍 퇴근하는 직원이 누구인지 감시했다고 훗날 밝힌 적도 있다. 참으로 집념이 대단하다. 빌 게이츠 같은 천재도 그렇다.

(3) 보수의 상당 부분을 자사주 또는 스톡옵션으로 받는 회사에서 일하기

창업 초기 벤처기업이 아니더라도, 성장기에 있는 회사들은 직원에게 지급하는 인건비 현금 지출을 줄이고 싶어 한다. 그래서 직원에게 「급여(기본급) + 보너스 + 스톡옵션」과 같은 형태로 자사주와 연계된 보수를 지급하는 경우가 있다.

이 방법은 회사는 현금 지출을 줄이고, 직원은 주가 상승으로 경제적 이익을 얻는 「증권가가 급여를 지급」하는 방식의 선순환 구조이다(이런 플랜을 갖춘 회사는 외국계 기업에 많다).

아빠가 생각하는 이상적인 취업처는 예를 들어 「1990년대 마이크로소프트」와 같은 회사다. 내 여동생(11살 아래)은 1992년에 내 조언대로 이 회사에 입사해 약 10년간 근무했는데, 10년 차에는 일반 근로자 소득 수준의 생활이 투자 수익으로 가능할 정도의 자산을 스톡옵션으로 보유하고 있었다. 그녀의 동기 중에는 그 시기에 그녀의 두 배 이상의 가치가 있는 옵션을 가진 사람도 있었다고 한다.

즉, 이른바 「FIRE(경제적 자립과 조기 은퇴)」가 가능한 자산을 30대 초반에 이미 갖춘 셈이다. 참고로, 여동생은 이후로 자산을 「보수적」으로 지키며 살지 않았다. 여러 과정을 거쳐 현재는 독립해 자기만의 회사를 운영하며 경제적으로는 나보다 훨씬 풍족한 생활을 하고 있다.

지금은 현실적으로 당시의 마이크로소프트처럼 최상의 조건을 갖춘 회사를 찾기는 어려울 수 있겠지만, 탄탄한 실적을 가진 회사에서 자사주 또는 스톡옵션으로 보수의 일부를 받는다면 여전히 많은 이점이 있다. 반드시 성장기 벤처기업일 필요는 없다. 「폭발력」은 부족할 수 있으나, 여전히 유리한 경우가 많다.

이런 회사들은 보통 자사주나 스톡옵션 제도가

잘 갖추어져 있어, 입사 시 계약으로 권리 확보가 명확한 경우가 많아 협상도 편리하다. 조건을 꼼꼼히 확인하고 가능하면 협상해서 입사해라.

(4) 창업 초기 단계에 자본을 투자하기

또 다른 방법은 친구나 지인이 사업을 시작했을 때 초기 자본을 투자해 주식을 받는 것이다.

예를 들어 초기 자본금 1,000만 엔인 회사에 100만 엔을 투자하고, 사업 관련 조언이나 도움을 주고 그 대가로 주식 일부를 얻을 수 있다.

그 후 (2)와 같이 회사에서 일하거나, 외부에서 경영 자문이나 영업 지원 등으로 회사와 관계를 유지해도 좋다. 이런 회사가 주식 공개에 이르면, 원금보다 훨씬 큰 가치를 가질 가능성이 크다.

이런 기회를 잡으려면 평소에 좋은 인맥을 만들고 기회에 민감해야 한다. 아빠가 「가능한 한 똑똑하고 재미있는 사람과 사귀라」고 말하는 이유도 여기에 있다.

이 방식은 투자자가 꼭 젊을 필요는 없다. 아빠 세대라도 좋은 인맥과 기회가 있다면 도전할 수 있다. 부모 세대 독자들도 참고하면 좋겠다.

내 돈보다 큰 부를 만드는 주식성 보상 전략

앞에서 자사주 또는 스톡옵션으로 보수를 받는 방법을 설명했는데, 이러한 「주식성 보상」의 장점은 무엇일까? 실제로 이 보상에는 다음과 같은 여러 가지 장점이 있다.

① 규모 확장에 따른 이익의 곱셈 효과
   (면적적 확장)

회사가 한 번 성공 궤도에 오르면, 상품 생산량을 늘리거나 점포를 확장해 비즈니스를 크게 키울 수 있다.

예를 들어, 한 직원이 창출하는 「이익 - 인건비」가 플러스가 되는 시스템이 구축되면, 직원 수를 100명, 1,000명, 1만 명으로 늘려 이익을 비례적으로 확대할 수 있다. 이렇게 회사가 성장하면서 생기는 큰 이익의 일부를, 주식을 가진 사람들은 보유한 주식 가치 상승으로 얻을 수 있다는 뜻이다.

즉, 주식을 통해 개인이 직접 일해서 버는 것보다 훨씬 큰 이익을 나눠 받을 수 있다.

② 미래 이익이 현재 평가되는 시간 방향의 곱셈 효과 (시간적 확장)

주가는 대략 주당 미래 예상 이익을 현재 가치로 평가한 것이다.

즉, 올해 이익뿐 아니라 내년, 내후년, 그리고 더 먼 미래에 벌어들일 이익과 성장률에 대한 예측까지 반영해「현재 가치」로 평가하여 거래한다. 사업이 궤도에 오른 회사의 주식은「면적적 확장」ב시간적 확장」양방향에서 곱셈 효과로 평가되며, 종종 성장률에 대한「꿈」까지 포함된 평가가 이루어진다.

주식이 상장되어 성공했을 경우 상승 가능성은 매우 크다.

③ 성공 보수는 평가가 관대해지는 경향이 있다!

주식성 보상의 대부분은 회사나 개인의 수익 성과에 따라 지급된다. 즉,「성공 보수」성격이 강하다. 사실 이 성공 보수가 까다로운 부분인데, 받아들이는 입장에서 보면 조건이 관대하게 느껴지는 경향이 있다.

돈을 운용하는 세계에서는「일정액(비율)의 수수료를 받는 고정 수수료」와「이익을 얻으면 그 ○○%를 받는 성공 보수 수수료」두 가지가 있는데, 성공 보수 수수료의 가치를 금융 이론적으로 고정 수수료로 환산해 평가해 보면 고정 수수료의 몇 배에 달하는 경우가 많다. 게다가 성공 보수의 실질 가치는 리스크에 따라 의도적으로 확대할 수 있다.

소위 헤지펀드 운용자가 기존 펀드 매니저보다 부자가 많은 이유는 성공 보수형 수수료 덕분이다. 솔직히 말해 성공 보수로 계약하는 고객은 내막을 잘 모르니 그런 불리한 선택을 하는 면이 있고, 시중에는 성공 보수형 계약이 적지 않다.

주식성 보상은 성공 보수 형태로 주어지는 경우가 많아, 고정 급여 형태로 받는 보상보다 훨씬 유리해지는 경향이 있다.

덧붙여, 「성공 보수」의 가치는 리스크가 클수록 확대된다는 점은, 최근 비즈니스 세계에서 강조되는 「성과주의」에도 해당한다. **성과주의에서는 무난함을 추구하기보다 리스크를 크게 감수하는 쪽이 유리하다.** 이 마인드셋의 유무가 미래 보상에 큰 영향을 미칠 것이니 잘 기억해 두어라.

④ 주식성 보상은 현금 보상보다 조건이 관대해지는 경향이 있다

주식성 보상은 지급하는 쪽에서 부담이 적어 조건이 관대해지기 쉽다는 점도 간과할 수 없다. 성장기의 기업은 사업 확장에 투자해야 하므로 인건비 형태로 현금이 유출되는 것을 꺼린다. 따라서 보수의 일부를 주식성 권리로 지급하면 현금 유출을 억제할 수 있다. 그리고 즉시 현금 부담이 발생하지 않으므로 현금 보상보다 조건이 더 관대해지는 경우가 많다.

⑤ 주식의 수익률은 임금 상승률보다 크다

자세한 메커니즘은 다음 장에서 다시 설명하겠지만, 주식의 수익률은 임금 상승률보다 큰 경향이 있다. 주식성 보상은 수령 시점에서 바로 현금화할 수 없는 경우가 많지만, 그 기간에도 수익을 창출할 가능성이 크다.

투자와 달리, 주식성 보상은 「손해는 적고」 기회는 크다

주식성 보상을 받으며 일하는 방식이 「업사이드(잠재적 이익)」가 크다는 점은 이해했을 것이다. 그렇다면 「다운사이드(잠재적 손실)」는 어떠한가?

주식성 보상을 목표로 일할 때의 다운사이드는 대개 「해고되는 것」 정도에 그친다. 개인이 빚을 지는 등의 위험 부담을 지지 않아도 된다는 점이 중요하다.

투자로 부자가 되려는 경우와 비교해 보자.

빚 내서 투자하면 수익도 커지지만 위험도 커진다

　나중에 소개할 인덱스 펀드 투자는 다른 수단과 비교해 위험 대비 수익률이 효율적이다. 하지만 기대 수익률은 「단기 금리(무위험 금리) + 연 5% 정도」로, 이 정도도 충분히 고마운 수준이지만 현실적으로는 다소 밋밋한 수준이다. 자산 성장 속도가 빠르지 않다.

　여기서 한 가지 아이디어는 빚을 이용해 투자 금액을 늘리는 것이다. 예를 들어 1억 엔을 무이자로 빌릴 수 있고, 인덱스 펀드 기대 수익률이 5%라면, 「기댓값으로는」 세후 약 4%, 금액으로 약 400만 엔의 이익을 연간 얻을 수 있다고 계산할 수 있다.

　하지만 연 4% 복리로 1억 엔을 운용해 두 배로 만들려면 약 18년이 걸린다. 1억 엔을 만들기 위해

(2억 엔 중 1억 엔은 나중에 갚아야 하므로) 18년은 너무 느리다.

    게다가 주가에 영향을 받으므로, 연간 30% 정도 하락하는 일도 흔하다. 만약 돈을 빌린 다음 해에 30% 하락이 발생해 마이너스 3,000만 엔 상태에서 「빚을 갚으라」는 청구가 들어오면 파산할 수밖에 없다. 3,000만 엔의 빚은 매우 무겁다.

    또한, 애초에 「용도는 주식 투자」 또는 「용도 자유」라는 조건으로 개인이 큰돈을 무이자 또는 저리로 빌리는 것 또한 쉽지 않다.

부동산 투자, 달콤함 뒤의 감춰진 위험

　개인이 합리적인 금리로 큰 빚을 낼 수 있는 주된 수단은 주택 담보 대출을 이용한 부동산 투자다.

　하지만 큰 빚을 지고 특정 부동산에 자산을 집중시키는 위험을 감수해야 하고, 투자 대상의 환금성이 좋지 않은 등 이 방법으로 자산을 만들려면 여러 가지 큰 문제가 있다.

　투자용 부동산에서 대출 이자, 경비, 세금 등을 제하고 실질 수익률이 투자액에 비해 충분히 타산이 맞겠다고 판단하여 아파트 등에 투자했다고 치자. 그런데 투자한 부동산이 인기가 없어 공실이 계속되거나, 임대 보증 회사가 파산하거나, 부동산에 문제가 생겨도 매각하는 것이 쉽지 않고, 설령 팔린다고 해도 가격이 투자액을 밑돌 게 되면 손에 빚만

남게 된다.

애초에 부동산 투자가「괜찮은」것도「유리한」것도 아니라는 사실은 부동산 업체가 직접 부동산을 보유하지 않고 고객을 찾아 팔고 있는 상황을 보면 잘 알 수 있다.「월급만으로도 집을 산다」,「부동산 투자로 불로소득」과 같은 달콤한 말에 절대 속지 마라. 부동산은 정말 조심해야 한다.

신용거래, FX, 암호자산, 투자인가 도박인가

주식 개별 종목 투자로 계속 수익을 올리면 큰돈이 되겠지만 연승하기는 어렵고, 크게 벌려면 신용거래를 써야 하는데 신용거래도 결국은 빚이다.

FX(Foreign Exchange, 외환 증거금 거래 : 두 나라의

통화를 동시에 사고파는 외환거래 방식), 암호자산(가상화폐) 투자(거의 「투기」에 가깝다)에서도 크게 벌려면 실제로 빚이 발생하고, 전망이 빗나가면 순식간에 자산이 0이 되거나 빚이 남기도 한다.

이런 「트레이딩」은 절대 권하고 싶지 않다. 「내가 잘할 수 있다」는 착각도 하지 마라.

주식성 보상으로 안전하게 도전하는 법

예를 들어 스톡옵션으로 이익을 노리고 벤처기업에서 일하다 해고당했을 때의 비용을 자세히 살펴보면 다음과 같다.

전직할 때까지의 생활비와 수고, 「해고」라는 정신적 충격(기분 문제지만), 벤처 근무 기간 동안 더 좋은 회사에서 받았을 급여 차액에 따른 기회비용, 다른 직장에서는 얻었을지도 모를 업무 스킬과 경험 등이다.

모으면 작은 비용은 아닐 수 있지만, 일하는 동안은 급여를 받고 생활하며, 본인의 일하는 방식에 따라 벤처 근무 경험은 앞으로의 경력에 나쁘지 않은 경험일 것이다.

종합적으로 보면「실패해도 비용은 적다」. 작은 다운사이드 가능성과 맞바꾸어 큰 업사이드를 노릴 수 있다는 점에서, **주식성 보상을 목표로 하는 일의 방식은 개인이 안전하게 활용할 수 있는 레버리지**(지렛대)**로서 현재 가장 유리한 방법일 것이다. 다시 말하지만「실패해도 빚이 남지 않는다」.**

예를 들어 학창 시절부터 창업에 참여할 기회를 모색해도 좋고, 취업 시에는 주식성 보상에 대해 잘 생각해야 한다.

가령 미래에 샐러리맨이 되더라도 전직, 부업 등을 포함해「주식성 보상」을 추구하는 것이 좋다.

중요한 것은 실패해도 빚이 남지 않는 형태로 여러 번 시도하라는 것이다.

변화하는 시대, 유리하게 일하는 3가지 열쇠

지금까지 앞으로 유리하게 일하는 방식과 돈을 버는 방법에 관해 설명했다. 앞으로는 **(1) 주식성 보상과 관계를 잘 맺는 것, (2) 적절한 리스크를 감수하는 것, (3) 남과 같지 않도록 노력하는 것**이 중요하다. 꼭 명심해라.

하지만 시대는 천천히, 그리고 불규칙하게 변한다. 옳다고 여겨지는 사상도 마찬가지고, 현실 사회나 조직은 보통 사상보다 크고 늦게 변한다.

예를 들어 일본 기업에 「성과에 연동한 보상 체

계」인「성과주의」를 도입해야 한다는 생각이 널리 퍼진 것은 늦어도 1990년대였지만, 여전히 겉모습만 갖춘 목표와 달성도 평가를 정하고 연차·연령별 급여 테이블에 약간의 차등을 두는, 본래의 성과주의와는 다른「음침한 성과주의」라 부를 수밖에 없는 이상한 인사 평가 제도를 사용하는 기업이 적지 않다.

아들아, 만약 네가 특히 공무원이나 학교(학자, 교사)처럼 기업보다 변화가 더딘 직장을 선택한다면, 그 직장의 상식과 역학은「쇼와시대」그대로인 경우가 적지 않을 것이다.

또한 과거 일하는 방식의 상식과 요령 중 시대를 초월해 유효한 공통된 사고방식과 방법도 있다.

이에 대해서는 제3장에서「일하는 요령, 메모」로 정리할 것이니, 쓸 만한 것은「선택적」으로 취해 활용하기 바란다.

제 2 장

돈을 불리는 방법과 자본주의 경제의 구조

1장에서는 자신이 일을 해서 돈을 버는 방법에 관해 설명했다. 이번 장에서는 먼저 자신이 가진 돈을 효율적으로 불리는 방법에 관해 설명하겠다. 선택한 길에 따라 주식성 보상이 있는 일자리를 찾지 못할 수도 있을 것이다. 하지만 손에 돈이 있을 테니 이를 활용하라. 그리고 이 경우에도 주식과 좋은 관계를 맺는 것이 중요하다.

돈을 불리는 방법 자체는 간단하며 누구나 할 수 있다. 단 한 가지만 기억하면 된다. 「가장 효율적인 방법」이 있다면, 남녀노소 할 것 없이 누구나 그 방법을 쓰면 된다. 불필요한 것을 기억할 필요는 없다.

이어서 주식 투자와 자본주의 경제 구조에 관해 설명할 것이다. 이 이치를 머릿속에 넣어 두어라.

아빠로서 사실 「자본주의」라는 애매하고 진부한 말을 쉽게 쓰는 것을 좋아하지 않지만, 여기서는 생산 수단(자본)도 사유가 허용되는 경제를 넓게 「자본주의」라 하겠다. 「경제」가 「인간」과 「자본」

을 둘러싸고 어떻게 움직이는지 이해하는 것이 중요하다.

세상의 「○○ 자본주의」가 어떻고, 「자본주의 경제의 한계」라는 논의는 대부분 신경 쓰지 않아도 된다. 이해가 부정확하기 때문이다.

미리 결론부터 말하자면, 자본주의 경제는 리스크를 지고 싶지 않은 사람들로부터 리스크를 감수해도 좋은 사람들이 이익을 흡수하는 구조로 되어 있다. 이 점을 잘 알게 된 것이 이번 책을 쓰면서 아빠가 개인적으로 얻은 수확이었다. 그리고 이익을 흡수할 때 개입하는 것이 「자본」이며, 자본에 참여하는 수단이 「주식」이다. 이것을 한 번 명확히 이해해 두면 일할 때도, 투자할 때도 좋을 것이다.

돈을 불리는 가장 쉬운 방법 : 기본만 지켜라

자, 네가 번 돈을 불리는 방법에 관해 설명하겠다. 간단히 결론부터 말하면, 돈을 효율적으로 불리려면 다음과 같이 하면 된다.

(1) 생활비 3~6개월분을 은행 보통예금에 따로 떼어 놓는다. 나머지는 「운용 자금」으로 한다.

(2) 운용 자금은 전액 「전 세계 주식 인덱스 펀드」에 투자한다.

(3) 운용 자금에 넣을 수 있는 돈이 늘어나면 같은 곳에 추가 투자한다. 돈이 필요할 때는 필요한 만큼 일부 해약해 사용한다.

투자 금액 결정 방법, 투자 대상 선택, 「사고 팔기」 타이밍에 관해 설명했으니, **돈 운용에 필요한 「기본」은 이걸로 다 설명한 셈이다.** 쉽지 않은가?

"아빠는 오랫동안 자산 운용을 전문으로 하고 책도 많이 썼는데, 이게 다야?"라고 너는 말할지도 모르겠다. 하지만 정말 이게 맞다. 이 운용법을 능가하는 것은 운용 전문가에게도 쉽지 않다.

현실적으로는 예를 들어 NISA(일본의 소액 투자 비과세 제도)나 iDeCo(Individual-type Defined Contribution Pension Plan, 일본의 개인형 확정기여 연금) 같은 제도를 이용하면 유리하니, 쓸 수 있는 제도는 최대한 활용하라. 하지만 이 제도들은 돈을 운용할 때 이용하는 유리한 「그릇」일 뿐이다. 이 이용법은 「기본」을 실행하는 데 있어 변형에 불과하다. 모두 「전 세계 주식 인덱스 펀드」 또는 이와 유사한 운용 상품에 투자하면 된다.

이 책에서는 이러한 제도에 관해 설명하지 않겠다. 제도는 시기에 따라 변하고, 이용법은 상식적으로 알 수 있기 때문이다.

빚 없이 해결할 수 있는 「생활 자금」은 항상 확보해라

그달에 약간 지출이 몰려도 빚을 지지 않아도 될 만큼의 돈은 별도로 항상 확보해 두어야 한다. 보통 생활비 3~6개월분 정도면 될 것이다.

신용카드 리볼빙 결재나 현금서비스 같은 작은 빚도 지지 않도록 주의해라. 이런 빚에 대한 이자는 높아서(예: 연 15%), 운용 기대 수익률(주식이라도 단기 금리 + 많으면 5~6%)을 훨씬 웃도는 폭리다.

아버지는 예전에 대학에서 강의할 때 학생들에게 "데이트할 때 신용카드 리볼빙 결제를 하는 상대와는 결혼하지 않는 게 좋다"고 매 학기 말하곤 했다. 경제관념이 부족한 상대와 결혼하면 고생하기 때문이다.

운용 자금은 전액 「전 세계 주식 인덱스 펀드」로 충분하다

 운용 자금 전액을 「전 세계 주식 인덱스 펀드」에 투자해도 된다. 인덱스란 주가지수를 뜻하는데, 전 세계 주식으로 구성된 인덱스에 연동하는 투자신탁에 투자하는 것이다. 지금은 통칭 「올 컨트리(All Country)」라 불리는 「eMAXIS Slim 전 세계 주식(일본 내에서만 가능)」이면 충분하다. 그 이유는 유리한 형태로 분산 투자되고 있고 운용 수수료가 저렴하기 때문이다.

 손에 쥔 운용 자금 전부를 주식에 투자하는 것이 부담스러울 수도 있다.

 인덱스 펀드에 투자했을 때 주식 투자 수익률은, 100년에 두세 번 있을 법한 「최악의 경우」에도 1년에 3분의 1 정도 손실, 같은 확률의 「행운의 경우」

에는 약 40% 이익, 평균적으로는 단기 금리가 거의 0%라면 연 5~6% 정도라고 알려져 있고, 아빠도 「그 정도일 것」이라고 생각한다. 정확한 수치는 아무도 모른다.

이 책 집필 시점에서 일본의 단기 금리는 거의 0%이므로, 이를 더해 5%로 보고 주식 투자 기대 수익률을 대략 「연 5%」로 생각한다. 현재 일본 세제에서는 실현한 이익에 약 20%의 세금이 붙으므로 실제로는 연 4% 정도가 될 것이다.

이 조건에서 운용 자금 전부를 투입하는 것이 부담스러운가?

확실히 「3분의 1 손실」은 뼈아프고, 매일 주가 변동이 신경 쓰일 수도 있다.

하지만 생각해 보자. 특히 젊을 때 운용 자금은 많지 않을 것이다.

그에 비해 자신의 기타 경제적 위험을 생각하면, 회사나 비즈니스의 흥망, 급여·보너스의 변동, 이직에 따른 수입 증감, 건강 상태의 변화, 가족이나 주변 상황 변화 등 많은 위험에 직면하면서도 「어떻게든 대처하고」 있을 것이다. 예를 들어 돈이 부족하면 더 많이 일을 하거나 생활비를 절약해 어떻게든 버티지 않겠는가?

게다가 운용 자금은 「당분간 쓰지 않을 돈」이다. 숫자로 나타나고 이해하기 쉬우니 금융 자산 손익에만 신경 쓰는 것은 균형이 좋지 않다.

시간이 지나 투자금이 늘어나고 금융 자산 규모가 커졌을 때는 어떨까?

이 경우에는 「3분의 1 손실」 금액은 수입의 등락보다 훨씬 클 수 있다. 하지만 금융 자산 규모가 크다는 것은 그만큼 경제적 여유가 커졌다는 뜻이다.

그래서 「운용 자금」을 전액 「전 세계 주식 인덱스 펀드」로 보유해도 문제가 없는 경우가 많을 것이다.

돈을 인출하려 할 때 「결과적으로」 주가가 크게

하락해 있는 상황일 수도 있다. 그때는 안타깝겠지만, 「의사결정 시점(사전)의 선택으로는 옳았으나 운이 나빴다」고 생각하고 이해해라.

그 손실은 「선택 비용(매몰 비용)」이다. 이미 발생해 되돌릴 수 없는 비용으로, 의사결정 시에는 무시하는 것이 옳다. 그 이상 의사결정을 할 수 없었고, 주가는 통제할 수 없다.

인생에서는 통제할 수 없는 일을 고민해 봤자 소용이 없다. 할 수 있는 것은 확률과 기댓값에 따라 좋은 선택을 하고, 그 후에는 좋은 결과를 기원할 뿐이다. 그 이상은 없다.

게다가 손해를 보더라도 다행히 「돈으로 해결되는 문제」다. 목숨을 잃거나 신용을 잃는 문제는 아니다.

손해가 너무 싫다면,「개인 대상 국채 변동 금리형 10년 만기」

사실 너에게 가르치고 싶지는 않지만,「절대 손해 보지 않을 돈」을 별도로 확보하고 싶다면「개인 대상 국채 변동 금리형 10년 만기(국가가 발행하는 10년 만기 국채로, 투자자가 만기까지 보유하면 원금과 이자를 돌려받는 안전한 채권 투자 상품)」에 돈을 넣어두는 것이 낮은 수익률이지만 안전하고 무난하다.

상품 상세는 일본 재무성 홈페이지에서 조사해 봐라. 은행, 증권사, 우체국 등의 창구에서 살 수 있다. 십중팔구 다른 상품을 권유받겠지만, 파는 쪽에서 수수료가 높은 상품을 팔고 싶어 그러는 것뿐이니 창구에서 하는 영업 멘트는 모두 무시해라.

금융기관은 대형 인터넷 증권사가 좋다

 운용에 쓸 금융기관은 대형 인터넷 증권사가 좋다. 취급 상품이 다양하고 수수료가 저렴한 것이 장점이지만, 그보다 더 좋은 점은 영업사원과 접촉하지 않아도 된다는 점이다.

 아빠는 오랫동안 거래해 왔으니, 이 정도는 말해 두겠다. "라쿠텐(樂天)증권은 나쁘지 않을 거야."

 네가 초등학교 저학년 때였다. 같이 목욕하다가 "나 응원하는 프로야구팀이 있어"라고 말하길래 "어디야?" 하고 물으니 "라쿠텐. 아빠가 라쿠텐이라서"라고 대답하더라. 참 순수했던 시절이다. 나는 그 날 네가 눈물이 날 만큼 귀여웠던 기억이 난다.

운용의 세 가지 원칙은
「장기」, 「분산」, 「저비용」

　돈 운용은 「**장기**(투자)」, 「**분산**(투자)」, 「**저비용**(＝저렴한 수수료)」이 세 가지를 지키면 잘 된다.

　무엇을 시도하려고 하기 전에 「장기, 분산, 저비용」, 「장기, 분산, 저비용」… 이렇게 몇 번이고 되뇌이며 자신의 행동이 이에 부합하는지 점검하면 좋다.

「장기 투자」는 사고팔지 않고
묵묵히 보유하는 것

　중요한 것은 경제 상황이나 시장 정보를 보고 「사고팔기」를 하지 않는 것이다. 투자 금액을 주가가 떨어질 것 같을 때 줄이고, 오를 것 같을 때 늘리는 조작은 성공하지 못한다. **전문가도 그런 조작을 장기적으로 성공시킨 유명 운용사는 없다.** 그리고 전문가도 「언제가 좋은 투자 타이밍인지」 판단하지 못한다.

투자는 리스크를 감수하고 자본을 제공해 이익을 얻으려는 행위지만, 큰 이익을 얻으려면 오랜 기간 자본을 제공해야 한다. 중간에 매도해 세금이나 수수료를 내지 않고 복리 운용을 계속하려면 「계속 보유하기」(금융 용어로 「바이앤홀드(Buy & Hold)」)가 좋다.

「장기적으로는 리스크에 상응하는 수익을 기대할 수 있을 것이다」와 「언제가 좋은 시기인지 알 수 없다」를 논리적으로 결합하면 「자신에게 적절한 리스크 크기만큼 투자하고 묵묵히 있는 것」이 최선의 답이 된다. 운용 기간이 길든 짧든 결론은 같다. 논리를 믿고 사고팔고 싶은 충동을 억제해라.

각종 투자·운용 전문가와 금융계는 경제와 시장

을 분석하여 계속 전망을 내놓지만, 이는 직업상 하는 일일 뿐이다. 운용에 도움이 되지 않는다. 아빠가 내놓는 전망도 믿지 마라.

집중 투자보다 분산 투자가 훨씬 낫다

투자는 리스크 부담에 상응하는 수익(「리스크 프리미엄」이라 부름)을 모으는 행위인데, 효과적으로 분산 투자를 하면 기대 수익률을 낮추지 않고 리스크만 줄일 수 있다.

더 판단에 집중하여 투자하는 쪽이 효율적으로 벌 수 있을 것 같지만, 인간의 판단력은 한계가 있다. 그러니 하지 않는 편이 낫다.

수수료란 「확실한 마이너스 수익」 이다

도박에서 업자들이 가져가는 수수료가 중요하듯, 운용에서도 수수료가 매우 중요하다.

동일한 리스크의 금융 상품을 비교할 때는 먼저 수수료를 본다. 상품 A보다 수수료가 높은 상품 B는, 시장이 좋을 때는 수익이 더 적고, 시장이 나쁠 때는 손실이 더 클 것으로 예상되므로 상품 A보다 항상 열등하다고 평가해야 한다. 이런 이유로 운용 상품의 90% 이상은 「처음부터 검토할 가치가 없다」는 것이 밝혀졌다. 수수료가 높기만 해도 이미 실패한 상품인 것이다.

매매 시 발생하는 수수료와 운용·관리 대가로 받는 수수료(투자신탁의 경우 「운용관리 비용」 또는 「신탁 보수」)도 중요하다.

운용 상품 중「수수료는 높지만, 운용이 뛰어나다」고 사전에 말할 수 있는「고가이지만 고성능 상품」은 존재하지 않는다.

생각해 보면 꿈이 없는 세상이다.

인덱스 펀드가 무조건 좋은 것은 아니다

왜「인덱스 펀드」가 좋은지 설명하겠다.

먼저 용어 정의부터, 인덱스 펀드는 어떤「지수」(주식의 경우「주가지수」)에 연동되도록 운용되는 자금을 말한다. 개인이 이용하는 것은 공모 투자신탁이나 ETF(상장지수펀드) 같은 투자신탁일 것이다. 원칙적으로 지수를 구성하는 종목과 구성 비율을 따르도록 운용된다. 일반적으로 판매 수수료(최근에는 거의 0이 주류)와 운용 관리 비용이 저렴하게 설정되어 있다.

주가지수는 여러 종류가 있으며, 그중 일부가 개인 운용에 적합하다. 예를 들어 S&P500이나 TOPIX(도쿄증권거래소 주가지수)는 운용에 적당하지만, 니케이 평균이나 NY 다우는 편중이 심해 운용에 적합하지 않다.

액티브 펀드는 거의 모두 실패한다

일반적으로 투자신탁의 특징으로 「소액 자금으로도 분산 투자 가능」과 「전문가가 운용해 준다」는 점이 강조된다. 전문 운용자가 투자 종목·비율·타이밍 등을 조작해 주식 시장 평균 이상의 수익을 목표로 하는 투자신탁을 「액티브 펀드」라 하며, 과거부터 현재까지 많은 상품이 존재한다. 투자 조사 등에 비용과 노력이 들기 때문에 수수료는 인덱스 펀드보다 보통 높게 책정된다.

그러나 인생에서 흔히 그렇듯「목표하는 것」과「할 수 있는 것」은 다르다.

현실은

(1) 액티브 펀드의 평균 운용 성적은 시장 평균이나 시장 평균을 나타내는 인덱스 펀드에 못 미친다

(2) 운용이 상대적으로 잘 되는 액티브 펀드를「사전에」(투자 단계에서) **고를 수 없다는 이 두 가지 점은 부정할 수 없는 사실이다.**

이 (1)과 (2)를 합치면「액티브 펀드에 투자하는 것은 경제적으로 합리적이지 않다」는 결론이 나온다.

하지만 액티브 펀드를 운용하는 회사는「우리 펀드는 훌륭하다」고 강조하고, 금융기관 등에서 투자신탁을 파는 사람은 「좋은 액티브 펀드를 골라 투자할 수 있다」고 말한다. 그러나 이들은 모두 사업상 그렇게 말할 수밖에 없는 영업 멘트에 불과하다. 믿는 사람이 어리석은 것이다.

너에게 쓴 편지에서 「실속없이 겉멋 든 투자」라고 쓴 대표적인 것이 바로 액티브 펀드다.

액티브 펀드가 실패하는 이유는 「평균 투자 유리(有利)의 원칙」 때문이다

마지막으로 액티브 펀드가 주식 시장 평균, 현실적으로는 인덱스 펀드에 미치지 못하는 이유는 아빠가 「평균 투자 유리의 원칙」이라 이름 붙인 시장 구조에 있다.

평균 투자 유리의 원칙을 말로 설명하면, 시장 운

용 경쟁에서 라이벌의 평균이기도 한 「시장 평균」을 그대로 유지하는 것이 유리하다는 뜻이다.

불필요한 거래 비용을 내지 않고 평균을 유지하면, 매매 때마다 거래 비용이 발생하는 액티브 투자자는 운용 경쟁에서 불리하고 평균 투자자는 유리하다는 것이 변함없는 원칙이다.

시장 평균에 가까운 구성을 참조하는 인덱스 펀드는 「평균 투자」에 가까워 운용 면에서 액티브 펀드보다 유리하며, 상품으로서 운용 수수료가 저렴해 더욱 유리하다.

「전 세계 주식」을 선택하는 이유도 「평균 투자 유리의 원칙」

　이제 남은 설명은 왜 「전 세계 주식 인덱스 펀드」를 선택해야 하는지에 관한 부분이다.

　이 책을 집필하는 시점에서 전 세계 주식의 대략적인 구성 비율은 미국 주식은 약 60%, 일본 주식은 6% 미만 등이다.

　최근 세계 자산 운용은 점점 더 글로벌화되고 있으며, 각국 시장 간 연관성이 강해지고 있다. 엄밀히 말해 각 시장이 완전히 독립적으로 경쟁하는 것은 아니지만, 주요 기관 투자자들(국가 펀드, 대형 연금 기금, 대학 기금 등)은 전 세계 여러 주식 시장에 고르게 분산 투자하는 경향이 뚜렷하다. 따라서 이들의 전체 운영 성과는 자연스럽게 전 세계 주식 시장의 평균 성과와 비슷한 수준에 가깝다고 볼 수 있다.

만약 전 세계 주식 시장을 경쟁하는 공간으로 본다면, 평균 투자 비중이 60%인 미국 주식을 100% 모두 보유하는 것은 매우 극단적인 적극 투자 방식이다. 또한 시장 상황에 따라 미국 주식의 투자 비율을 늘리거나 줄이는 시도를 하는 것도, 평균적인 투자 원칙에 비추어 볼 때 반드시 유리하다고 할 수 없다.

즉, 투자 규모나 비율을 지나치게 집중하거나 시장 타이밍을 맞추려는 전략은 평균적으로 볼 때 바람직하지 않다는 의미이다.

운용 경쟁의 흐름을 조금 앞서간 면도 있지만, 특정 투자 조합보다 세계 주식 운용 경쟁의 「평균」을 보여주는 인덱스 펀드를 선택했다.

참고로, 전 세계 주식 인덱스 펀드는 일본 주식을 포함하는 것이 좋지만, 일본 주식을 빼고도 전 세계 주식이나 선진국 주식 인덱스 펀드와 큰 차이가 없다. 수수료가 충분히 저렴하다면 그런 펀드에 투자해도 무방하며, 세세한 차이에 너무 신경 쓸 필요는 없다.

> 전 세계 주식 인덱스 펀드의 구체적인 운영 상품예

현재 투자 조건에 부합하는 일본에서 가능한 전 세계 주식 인덱스 펀드는 여러 개 있지만, 대표적인 두 가지 상품을 들어보겠다.

> <공모 투자신탁>

* 「eMAXIS Slim 전 세계 주식(올 컨트리)」

> <ETF 상장 투자신탁>

* 「MAXIS 전 세계 주식(올 컨트리) 상장 투자신탁」

두 상품은 모두 미쓰비시(三菱) UFJ 자산운용에서 만든 것이지만, 아빠가 특별히 이 회사와 인연이 있어서가 아니라 자산 규모가 크고 대표적인 상품이기 때문에 예로 든 것이다.

첫 번째 상품은 투자자들 사이에서 「올칸」이라고 불린다. 이 회사는 비교적 일찍 이 분야에 주력했고 운용 비용 절감에도 힘썼으며, 현재 운용 자산 잔고가 1조 엔이 훨씬 넘는다. 운용관리비용(신탁보수)은 연 0.05775% 이내로, 100만 엔 투자 시 연간 578엔 이하의 수수료를 내는 셈이다. 이는 아마도 현재 가장 효율적인 운영 상품 중 하나일 것이다. 일반적으로 액티브 펀드에 연 1% 정도의 수수료를 내는 것은 매우 비효율적이라고 할 수 있다.

두 번째 상품은 ETF로, 일부 투자자에게 투자 접근성이 좋고, 도쿄 증권거래소에 상장되어 있어 대면 영업을 하는 증권사에서도 구매할 수 있다. 신탁보수는 연 0.0858%(세전 0.078%) 이내이다.

다른 회사들도 비슷한 상품을 내놓고 있고, 앞으로 새 상품이 나올 가능성도 있지만, 수수료가 이미 많이 낮아 큰 개선이 기대되진 않는다. 따라서 다른 상품에 투자해도 무방하다.

즉, 미쓰비시 UFJ 자산운용의 이 두 상품은 대표적이고 운용 비용이 낮아 좋은 선택지이며, 수수료와 상품 특성을 잘 비교하면 자신에게 맞는 상품을 고를 수 있다는 뜻이다.

주식 투자의 정확한 의미를 알자

주식에 투자하는 의미를 다시 한번 생각해 보자.
- 주식 투자는 왜 수익을 기대할 수 있는가?
- 주식 투자로 수익을 내려면 경제 성장이 필요한가?
- 주식 투자의 수익은 누가 공급하는가?
- 주식 투자는 반드시 수익이 나는가?
- 주식 투자자가 앞으로 주의해야 할 점은 무엇인가?
- 주식과 잘 관계 맺고 일하기 위한 포인트는 무엇인가?

이런 점들을 깊이 이해하는 것은 세상을 이해하는데도 유익하다.

주식 투자의 목적을 한마디로 정리하면 「리스크

프리미엄을 모으는 것」이다. 그 의미를 이해하고 기억하라.

생산에는 「자본」과 「노동력」을 사용한다

먼저 「회사」란 무엇일까? 아빠가 좋아하는 정의는 「사람들이 서로를 이용하기 위해 만든 것」이다.

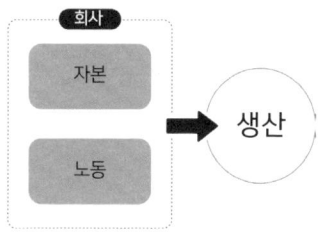

그림1. 회사의 구조

실업가 호리에 다카후미(堀江貴文)가 젊었을 때 쓴 『버는 것이 이긴다』라는 저서에서 언급한 것으로 기억하는데, 예를 들어 경영자는 직원을 쓰지만, 직원 또한 회사가 없으면 일자리가 없으니 결국 서로 도움을 주고받으며 서로를 이용하는 관계라는 것이다. 회사 내 기술자, 노동자, 영업, 회계 담당자들은 모두 서로 협력하고 의존한다.

경제는 주로 생산과 소비로 이루어지며, 여기서 「생산」은 「자본」과 「노동」의 결합으로 이루어진다. 생산 활동은 꼭 회사만 하는 건 아니지만, 여기서는 회사가 생산을 한다고 생각한다.

「자본」은 사업을 운영하는 데 필요한 모든 재산을 뜻한다. 예를 들어, 공장 설비, 원자재, 임금 지급에 필요한 돈 등이 모두 자본에 포함된다.

즉, 경제는 자본과 노동이 모여서 물건이나 서비스를 생산하고, 소비와 교환이 이루어지는 활동이라고 볼 수 있다.

자본이란 무엇인가 : 생산과 경제의 기본 자원

생산은 자본과 노동이 함께 이루어낸 결과이다. 여기서 「자본」이란 구체적으로 무엇일까.

자본에는 상품을 만드는 데 필요한 공장과 기계 같은 생산 설비가 포함된다. 또한, 상품을 만드는 원자재, 노하우나 특허권, 회사의 본사 건물 등도 자본에 속한다.

그리고 생산 과정에서 필요한 현금이나 예금도 자본에 포함된다. 이 돈은 원자재를 사거나 직원들에게 임금을 주는 데 쓰일 수 있고, 공장이나 기계 같은 생산 설비를 새로 만들거나 고치는 데도 사용될 수 있다. 그리고 경우에 따라 주주들이 이 돈을 꺼내서 개인적으로 쓸 수도 있다.

즉, 자본이란 생산에 필요한 모든 자원, 즉 설비,

재료, 기술과 돈을 포괄하는 넓은 개념이다.

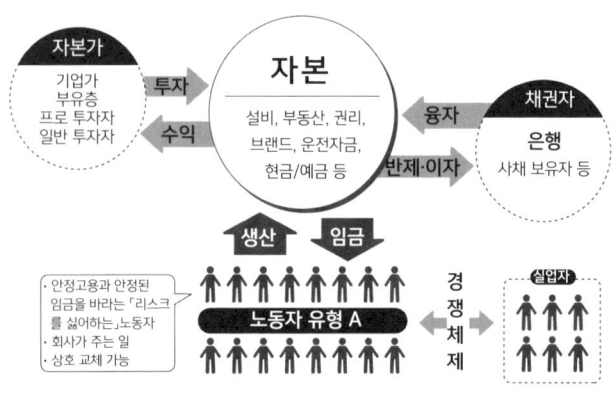

그림2. 전형적인 이익의 구조

「자본」은 회사의 잡다한 재산 전체에 붙은 단순한 라벨과 같다.

「자본」그 자체에는 특별한 의지나 움직임이 있는 것은 아니다. 많은 경제학 논의가 자본이라는 말을 애매하게 써서 현실을 잘 설명하지 못한다는 것이 아빠의 의견이다.

자본을 가진 사람, 즉 자본가의 입장에서 보면 자본은 크게 두 가지로 나뉜다. 하나는 은행이나 물건을 나중에 받기로 한 판매자 등에서 빌린 돈, 즉「타인 자본」이다. 다른 하나는 주식을 통해 소유권을 가지고 있는 자신의 돈, 즉「자기 자본」이다.

간단히 말해, 자본은 회사의 모든 재산을 가리키는 말이고, 그 재산이 어디에서 왔는지에 따라 빌린 돈과 자기 돈으로 나눌 수 있다는 뜻이다.

전형적으로는 노동자가 이익을 제공한다

회사의 이익은 어디서 발생할까?「자본」이라는 잡다한 재산이 모인 풀(pool)의 주변 이해관계도를 한번 보자(그림 2).

회사의 이익은 자본과 노동에서 나온다. 특히 「자본을 활용하는 노동」에 주목해야 한다.

예를 들어, 한 노동자가 하루에 2만 엔의 이익을 만들어낸다고 가정해 보자. 회사는 이 노동자에게 1만 엔의 임금을 주고, 나머지 1만 엔은 자본 측 이익으로 남는다.

이 이익 중 일부는 은행에 빌린 돈의 이자를 내거나 원금을 갚는 데 사용되고, 나머지는 주식을 가진 자본가가 가져간다.

회사가 자본 설비를 늘리고 이런 조건의 노동자를 더 많이 고용하면, 회사의 규모와 이익은 점점 커진다.

또한 신제품 개발이나 생산 방법 개선 같은 기술 진보도 회사 이익의 중요한 원천이며, 이런 이익 역시 자본가에게 돌아간다.

즉, 노동과 자본이 함께 이익을 만들고, 기술 발전도 이익을 더 키우는 역할을 한다는 뜻이다.

리스크를 지고 싶지 않은 노동자가 낮은 임금에 만족한다

하루에 2만 엔 정도의 이익을 회사에 가져다주는 노동자가 있는데, 그가 받는 임금은 1만 엔뿐이다. 그런데도 이 노동자가 불만을 가지거나 억울해하지는 않는다. 왜냐하면 그는 매일 일정하고 안정된 일자리와 임금을 원하기 때문이다.

즉, 리스크를 지지 않는 대신 안정된 임금에 만족하며, 이런 조건으로 노동자와 회사가 서로 합의하여 일하는 것이다. 이런 노동자들이야말로 세상의 모든 경제 활동을 지탱하는 중요한 기반이며, 경제 이익을 만드는 원천이다.

또한, 세상은 리스크를 감수하기 싫은 사람들이, 리스크를 감수해도 좋은 사람들에게 이익을 나눠주도록 되어 있다.

쉽게 말해, 안정된 임금을 받는 노동자와 리스크를 감수하는 자본가가 서로 역할을 나누어 경제가 돌아간다는 뜻이다.

「교체 가능한」 노동자는 약한 입장에 놓인다

노동자는 조금 더 높은 임금을 요구하며 회사와 협상을 할 수도 있지만, 그 요구가 항상 받아들여지는 것은 아니다.

왜냐하면 비슷한 일을 할 수 있는 다른 노동자들, 즉「교체 가능한 노동자」가 인력시장에는 많기 때문이다. 그들이 하루에 1만 엔이라도 받으면서 일할 준비가 되어 있다면, 회사는 임금을 올릴 필요없이 교체 가능한 노동자를 선택할 수 있다.

그래서 회사는 직원들이 서로 쉽게 대체될 수 있는 구조로 일을 설계하려고 할 것이다. 이런 상황을 부당하다고 느낄 수도 있지만, 이는 정상적인 회사 운영 전략이다.

반면 노동자는 자신이 다른 사람과 교체되지 않도록 특별한 기술이나 경험을 쌓는 등 노력해야 한다. **남들과 달라야 하고 평범함에 안주하지 말아야 한다는 의미이며**, 그렇게 해야 노동시장에서 더 유리한 위치를 차지할 수 있다는 뜻이다.

자본가와 채권자의 힘의 관계는 변한다

회사의 이익을 나눌 때, 은행 등 돈을 빌려주는 쪽의 입장이 강하면 채권자의 몫이 많아지고, 반대로 은행들 사이에서 경쟁이 심해져 채권자 입장이 약해지면, 주주 즉 자본가 쪽의 몫이 커진다. 이처럼 이익 분배에서 힘의 관계는 상황에 따라 변한다.

또한, 은행이나 채권을 보유한 안전한 투자를 선호하는 사람들은 경제 전체 관점에서 보면 「리스크를 지고 싶지 않은 참여자」다. 이들이 포기한 추가 수익은 리스크를 감수해도 좋다고 생각하는 자본가가 대신 가져간다.

즉, 경제 시스템은 리스크를 받아들일 준비가 된 사람에게 유리하게 설계되어 있다는 점을 꼭 기억해야 한다.

자본가를 봉으로 만드는 「노동자 타입 B」의 등장

앞서 나온 「노동자 타입 A」 외에도 「노동자 타입 B」라는 소수의 특별한 노동자가 있다(그림 3). 그들은 「경영 노하우」, 「복잡한 기술」, 「재무 노하우」 등 외부 자본가가 알기 힘든 「블랙박스(Black Box : 비밀)」를 회사 내에 만들어 자신의 입지를 강화한다. 이렇게 함으로써 원래는 자본가에게 돌아가야 할 이익을 주로 「주식성 수익」의 형태로 빼앗는다. 대표적인 사례가 고액 보수를 받는 미국 기업의 경영자들이다. **현대는 자본가도 방심할 수 없는 시대인 것이다.**

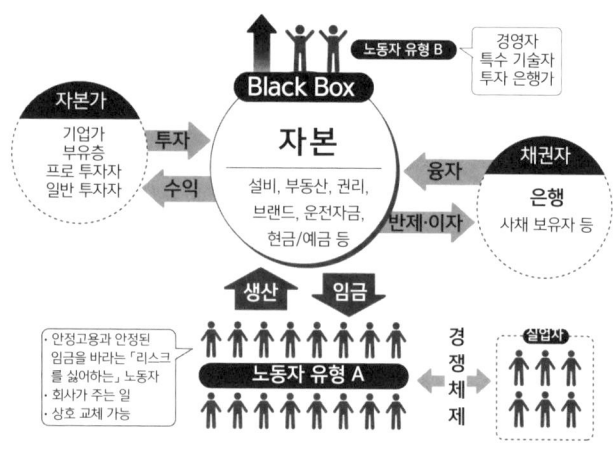

그림3. 자본을 둘러싼 이해관계자의 상관관계

「노동자 타입 A」만은 되지 않도록 온힘을 다해 피해라

노동자 타입 A의 특징은 다음 세 가지이다.

① 다른 사람들과 쉽게 교체될 수 있는 평범한 실력을 갖추고 있다.

② 회사가 제시한 방식대로 일하는 데 만족한다.
③ 고용이 불안해지거나 임금이 줄어드는 것을 매우 싫어한다.

이런 노동자가 되면 회사에서의 협상력이 약해지고, 자신의 능력에 비해 낮은 임금을 받을 수밖에 없다. 실제로「소모품」처럼 취급받는 경우도 많다. 정규직이라 해도 비정규직보다 좀 낫긴 하지만, 이 위치에 안주하면 평생 회사에 얽매이는「회사 노예」가 될 위험이 크다.

이를 막으려면 남들과 다른 능력을 키워 회사에 어필하거나, 부업을 하거나, 이직할 각오를 하거나, 경제적으로 준비해서 회사와 강하게 협상할 수 있는 상황을 만드는 등의 노력이 필요하다.

단지 **평범하고 무난한 상태로 머무른다면 점점 불리해지는 쪽으로 끌려가게 되기 때문에, 남과 같은 삶을 추구해서는 행복해지기 어렵다는 점**을 꼭 기억해야 한다.

「노동자 타입 B」를 향해 적당한 수준의 목표를 설정하라

노동자 타입 B는 각자 다르고 개성이 강하며 주로 두뇌를 무기로 일하는 사람들이다. 반면, 노동자 타입 A는 비슷한 능력을 가진 평범한 사람들이고, 서로 교체가 가능하며 안정적인 일을 추구한다.

현재 사회는 노동자 타입 B와 같은 특별한 능력을 가진 노동자들이 점점 더 중요해지고 있다는 사실을 충분히 인식하지 못하고 있다.

노동자 타입 B는 주식성 보상(주식으로 받는 성과급 등)을 추구하며, 더 적극적이고 독립적인 방식으로 일한다. 반면, 노동자 타입 A는 위험을 피하고 안정적인 일을 선호한다. 이 둘 사이에는 큰 차이가 있다.

아빠가 쓴 편지에 「리스크에 대한 대처 방식이

반대로 바뀌었다」는 말도 바로 이 점을 말하려는 것이다.

자본가나 투자자의 입장에서는 노동자 타입 B가 자본가의 이익을 빼앗으려는 교활한 존재로 보일 수 있다. 미국에서 고액 보수를 받는 경영자들이 그런 예다. 그래서 자본가도 안심할 수 없다.

하지만 이 말이 노동자 타입 B들이「나쁘게 행동한다」는 뜻이 아니다. 자본가가 갖지 못한 능력으로 적당히 자신의 권리를 지키는 것은 결코 나쁜 일이 아니다.

자본가도 자신이 이해하지 못하는 비밀스러운 지식(블랙박스)을 방치한 채 돈과 권력만으로 모든 것을 조종할 수 있다고 생각하면 안된다. 그건 순진한 생각이다.

결국 자본가든 노동자든, 노력하지 않는 사람은 결국 실패하는 것이 경제의 법칙이다.

아들아, 네가 얼마나「특별한 존재」가 되어 세상

을 살아갈지 기대된다.

주식의 수익은 성장에서가 아니라 주가 형성에서 발생한다

　이 책에서는 주식 투자로 얻는 리스크 프리미엄을 연 5% 정도로 보고 있다. 주식 수익률은 단기 금리(무위험 금리)에 리스크 프리미엄을 더한 값이다.

　이 높은 수익은 대체 어디서 오는 것일까?

　초보자들은 흔히 주식 수익이 기업이나 경제 성장에서 온다고 생각한다. 그래서 「세계 경제 성장을 믿고 투자한다」고 말하기도 한다.

　하지만 사실은 그렇지 않다. 아들아, 너는 좀 더 깊이 생각하는 사람이 되길 바란다.

　예를 들어, 인구가 줄고 경제 성장이 낮을 것으로

예상되는 일본 주식은 별로 좋지 않다고 생각할 수 있지만 실은 그렇지 않다.

주식의 리스크 프리미엄은 실제로는 주가가 시장에서 어떻게 형성되는지, 즉 「시장 가격 형성 메커니즘」에서 나온다. 따라서 주식 투자는 경제 성장률이 높든 낮든 똑같이 유망할 수 있다. 결국 **투자자가 기대해야 할 것은** 「경제 성장」이 아니라 「시장 가격이 어떻게 형성되는가」이다.

주가는 미래 이익이 할인된 현재 가치다

주식의 가치는 앞으로 기업이 낼 것으로 예상되는 1주당 이익을 현재 가치로 환산한 총합으로 계산할 수 있다.

여기서 편리한 계산식을 하나 소개하겠다. 「영구 성장 현금흐름의 현재가치」라는 것이다.

가령 첫 해에 E만큼의 현금흐름이 있고, 이 현금흐름이 매년 g 비율로 계속해서 성장한다고 가정해 보자. 그런 다음, 모든 미래 현금흐름을 일정한 할인율 r로 할인해 현재 가치로 합산하면, 전체 가치는 다음 공식으로 구할 수 있다. 이 공식은 고등학교에서 배우는 등비급수의 합 공식으로 쉽게 이해할 수 있는 계산법이다.

$$P = E / (r-g)$$

예를 들어, 발행 주식 수가 1억 주이고 당기 예상 순이익이 100억 엔(주당 이익 100엔)인 회사가 매년 이익이 1%씩 성장한다고 할 때, 이를 연 6% 할인율로 현재 가치로 환산하면, 미래 모든 이익의 현재 가치는 주당 2,000엔이 된다.

$$P = 100 / (0.6 - 0.01) = 2{,}000$$

고성장이든 저성장이든 할인율이 같으면 기대 수익률은 같다

할인율 6%는 무위험 단기 금리 1%와 리스크 프리미엄 5%를 합한 값으로 가정한 것이다.

여기서 간단한 문제를 내보겠다.

A, B 두 기업이 있고 당기 예상 주당 이익이 각각 100엔이라 하자. A사는 이익이 연 2%씩 성장하고, B사는 연 2%씩 감소한다고 할 때, 이들 회사의 각각의 주가는 얼마가 될까?

성장 기업 A사의 주가는 2,500엔(P = 100 / { 0.06 – 0.02 } = 2,500), 마이너스 성장 기업인 B사의 주가는 1,250엔(P = 100 / { 0.06 – < – 0.02 > } = 1,250)이다.

그렇다면 이렇게 계산된 주가로 A사, B사 주식에 투자했을 때의 기대 수익률은 얼마일까?

둘 다 할인율이 「6%」다. 성장률이 반영되어 주가가 결정된다면 할인율이 같을 때 고성장 고주가 회사에 투자하는 것과 저성장 저주가 회사에 투자하는 것 간의 기대 수익률 차이는 없다.

이 정도까지 억지로 맞추면 다소 비관적으로 느껴질 수도 있지만, 예를 들어 A사 주식은 경제가 성장하는 미국 주식, B사 주식은 인구 감소로 저성장에 빠질 일본 주식으로 생각할 수 있다.

저성장인 일본 주식도 충분히 낮은 주가로 평가되어 미국 주식과 비교해 손색없는 투자 대상이 될 수 있다는 의미이다. 어느 쪽에 투자하는 것이 더 유리한가의 문제가 아니다.

다만, 과거 데이터를 보면 경제 성장률과 주가가 연관되어 보이는 이유는 경제 성장률의 예상치 못한 변동(상하 양방향 모두 예측할 수 없었던 것)이 주가에

누적적으로 영향을 미쳤기 때문이다. 예를 들어 지난 30년간 일본 경제는 성장 기대치가 점점 낮아지는 심각한 상황이었기 때문에 주가 또한 그런 영향을 받은 것이다.

분산 투자는 투자자가 스스로 할 수 있는 운용의 개선이다

조금 어려워 보일 수 있지만, 앞에서 A사와 B사 사례를 보면 각각 성장률이 반영된 주가가 이미 형성되어 있을 때「A사와 B사 중 어느 쪽에 투자하는 것이 좋을까?」라는 질문이 나올 수 있다. 사실 답은 사람마다 다를 수 있다. 하지만 금융 이론에서 가장 올바른 답은「두 회사에 모두 분산 투자하는 것」이다. 이렇게 하면 두 회사 중 한 곳에만 투자하는 것보다 리스크를 줄이면서도 기대 수익률 6%는 유지할 수 있기 때문이다. 자금을 투자할 때는 무조건 무위험 금리만큼은 벌어야 하고, 그 이상의 추가 보상인 리스크 프리미엄(연 5% 정도로 가정)을 얼마나 잘 얻느냐가 투자자의 핵심 과제다.

따라서, 올바른 투자 방법은 분산 투자로 리스크를 최소화하고, 저비용 투자 수단을 이용해 비용을 줄이며, 장기간 투자해「리스크 프리미엄을 많이 쌓아가는 것」이다.

여기에 불필요한 수수료는 적을수록 좋다는 상식을 더하면「장기·분산·저비용」투자 삼원칙이 완성된다.

내 아들이니만큼 이런 내용은 다른 사람들에게도 설명할 수 있을 정도가 되길 바란다.

이 조건에 가장 잘 맞는 수단으로,「전 세계 주식 인덱스 펀드」에 장기 투자할 것을 제안한다.

주식 투자는 단순히 「일하지 않고 돈을 버는 것」이 아니다

 너에게 쓴 편지에 「돈도 일하게 하라」는 뜻에 관해 설명하겠다.

 구 세대 중에는 투자로 돈을 버는 것을 「자신은 일하지 않고 돈으로 돈을 벌려는 것」으로 여기고 꺼리는 사람이 있다(특히 학교 선생님처럼 자존심에 비해 돈을 적게 버는 직종에 종사하는 사람중에 그런 사람이 많다). 그러나 앞에서 보여준 그림 1에서 알 수 있듯 「생산」에는 「노동」과 함께 「자본」이 필요하며, 주식 투자는 자신의 돈을 자본으로 제공해 「일하게 하는」 것이고, 이때 리스크를 부담하는 것이다. 이것은 결코 일하지 않고 이익을 얻으려는 행위가 아니다.

 그리고 투자 목적은 리스크 프리미엄을 얻는 것이고, 그 가장 효율적인 수단이 「전 세계 주식 인덱스 펀드」를 장기 보유하는 것이다.

돈 문제는 감정을 배제하고 이성적으로 계산하며 생각하라

　손에 든 돈을 불리기 위한 자산 운용을 비롯해 돈과 관련된 문제에는 쉽게 오해하거나 잘못 믿기 쉬운 함정과 속설이 많다.

　그런 오해가 존재하게 된 이유는 다음 두 가지이다. 첫째, 돈 문제는 사람의 감정에 쉽게 영향을 받아, 원래는 논리와 계산으로 해결해야 할 문제를 감정 때문(행동경제학적 이유)에 틀리게 판단하기 쉽다. 둘째, 금융 업계가 자신들의 이익을 위해 이런 오해나 잘못된 속설을 퍼뜨리기(비즈니스적 이유)도 한다.

그래서 남의 말을 무턱대고 믿거나, 금융업계가 만든 정보에만 의존하면 돈과 관련된 실수를 하기 쉽다.

돈 문제에 직면했을 때는 항상 자신의 머리로 생각하며, 논리와 계산을 통해 판단하는 것이 중요하다. 다행히 돈은 숫자로 결과를 확인할 수 있어 정답을 비교적 쉽게 알 수 있다.

인간관계와 돈 문제는 완전히 분리하라

살다 보면, 주변 사람들이 돈을 빌려 달라고 하거나 생명보험, 수익이 난다며 현혹하는 투자 상품, 금융 관계자를 소개해주겠다는 사람을 만나게 된다.

돈을 빌려주거나 빌리는 문제는 상황에 따라 다

르지만, 친구나 지인이라도 빌려주거나 빌리면 마음의 부담이 크다. 그래서 「**원칙적으로는 절대 돈을 빌려주지 않는 것이 좋다.**」 특히 채무 보증인이 되는 일은 「**무슨 일이 있어도 절대 하지 말아야 한다.**」

또한, 친구가 추천하는 생명보험이나 투자 상품은 거의 이익이 되지 않으니 전혀 관여하지 않기로 마음먹는 것이 중요하다.

「우정과 돈은 절대 섞지 말아야 한다」는 말을 명심해라.

보험이란 「손해 보는 내기」이다

사회 초년생이 일을 시작할 때 가장 실수하기 쉬운 것 중 하나가 바로 생명보험 가입이다. 보험설계사의 말이나 보험 회사에 다니는 친구의 권유로 불필요한 보험에 가입하는 경우가 많으니 조심해야 한다.

보험에 관한 두 가지 중요한 원칙을 기억하라.

첫째, 보험은 「거의 일어나지 않지만, 만약 발생하면 큰 피해를 주는 일」에 대비해 반드시 가입하는 것이다.

둘째, 보험은 보험회사가 이익을 내고 가입자가 **손해를 보도록 만들어져 있다**(그렇지 않으면 보험회사는 파산한다).

그냥 막연히 「안심하려고」 보험에 가입하는 것은 현명하지 않으며, 보험 판매자는 이런 심리를 이용하려 들므로 감정에 휘둘리지 말아야 한다.

젊은 직장인에게 꼭 필요한 보험은 자동차 보험, 화재 보험, 그리고 자녀가 태어났을 때 가입하는 단순한 생명 보험(반드시 해약환급금 없는 저렴한 상품으로, 자녀가 성인이 될 때까지 보장해주는 단순 보험) 정도다. 상속 관련 보험은 나중에 생각해도 된다.

참고로, 아빠는 최근 암에 걸렸지만 건강보험이 있으면 별도의 민간 암보험은 필요 없다는 점을 다시 **확인했다.** 치료비는 건강보험 덕분에 저축으로 충분히 감당할 수 있었다. 즉, 암보험이 꼭 필요하지 않았다는 뜻이다.

「암에 걸린 후에」 암보험에 가입해 입원비나 교통비를 받는 것은 이득일 수 있지만, **암에 걸릴지 어떨지 모르는 상태에서 드는 암보험은 가입자에게는 손해이고 보험회사에는 이익이 되는 내기다.**

이처럼 「사전에 준비하는 보험」과 「사후에 이용하는 보험」의 차이를 모르면, 보험뿐 아니라 다른 많은 분야에서도 손해를 볼 가능성이 크다.

돈은 단순하게 관리하고 관대하게 써라

수입과 지출을 얼마나 꼼꼼히 관리할지는 사람마다 다르다. 하지만 미래를 위해 매달 꼭 저축(실제로는 인덱스 펀드 투자)을 하고 있다면, 세세한 돈 쓰임에 너무 신경 쓰지 않는 것이 좋다.

버는 돈은 아끼지 말고 자신에게 넉넉히 쓰자. 자기에게 투자하지 않으면 미래의 자신이 빈곤해진다. 자기 투자에는 ①지식 ②기술 ③경험 ④인간관계 ⑤시간이 포함된다.

살다가 돈이 부족하다고 느껴지면, 절약만 생각하지 말고「돈을 더 벌 방법은 없을까」부터 고민해보자.

그렇게 하면 인생이 훨씬 더 즐거워질 것이다.

경제 격차는 「자본의 리스크」와 「리더십」에서 생긴다

아들아, 네가 취해야 할 돈 버는 전략을 간단히 정리해 주겠다.

사람들 사이의 경제력 차이는 어디에서 오는가?

첫째, 자신이 가진 인적 자본을 활용해 얼마나 리스크를 감수하느냐에 달려 있다. 여러 번 말했듯이, 리스크를 피하려는 사람이 제공하는 가치를, 리스크를 감수하는 사람이 받아가며 경제가 돌아간다.

현대 자본주의는 개인이 소유한 자본으로 리스크를 감수하고 그 대가를 받는 시스템이며, 주식 투자를 통해 이런 시스템에 참여할 수 있다. 투자자나 자본가는 리스크를 감수하는 것이며, 그것이 나쁜 일이 아니다. 이는 모두 계약에 기반한 합의다.

또한, 경제에서 또 다른 수익의 원천은 「리더십」

이다.

회사가 아니더라도 사람들의 모임에는 목표를 세우고 사람들을 이끄는 리더가 필요하다. 이런 리더들은 더 큰 보상을 받는 것이 당연하다. 예를 들어, 회사 사장은 약간 높은 보수를 받고, 사회에서는 최고 권력을 가진 사람 주변에 부가 집중된다. 이것이 「권력 수익」이다.

다음은 「자본주의 포지셔닝 맵」이라는 그림에서 볼 수 있듯, 경제력은 자본과 리더십으로 나뉘어지며, 큰 경제력을 가진 사람들은 주로 창업자이자 오너 사장들이다.

경제에서는 「샐러리맨 무리」라고 적힌 곳에 들어가는 원(점처럼 보일 수도 있음)이 압도적으로 많고, 그들이 제공하는 가치가 영양분이 되어 경제가 순환된다. 이 영역에는 비슷한 능력의 노동자 타입 A들이 모여 있다. 이들에게는 노동력을 싸게 착취당하기 쉬운 「경제적으로 불리한 중력」이 작용한다.

네가 이곳에만 머무는 인생이라고 느껴지면 전력을 다해 도피하라.

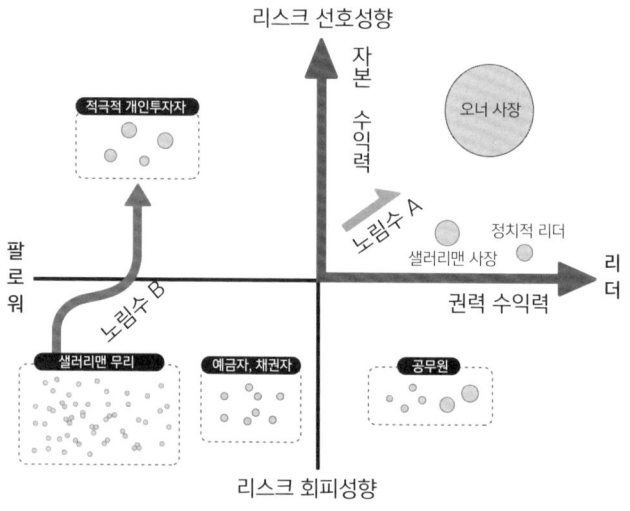

그림4. 자본주의 포지셔닝 맵

아빠는 이러한 사실들을 청년들이 빨리 깨닫길 바라지만, 대개 사람들은 자신의 불리함을 인정하는 것이 정신적으로 괴롭다. 노동력을 싸게 받으며 일하는 동료들끼리 모여 「인생은 다 그런 것」이라며 체념하는 경우가 적지 않다. 미래의 네가 그렇게 되지 않도록 아빠는 지금 너에게 이 글을 쓴다.

인생에서 반드시 부자가 될 필요는 없지만, 경제적으로 불리한 코스는 피하며 살길 바란다. 예를 들어 앞으로 세상에 나가 성공하고 싶은 청년은 어떤 코스를 목표로 삼아야 할까?

답은 「노림수 A」 코스다. 즉, 스스로 창업하거나 창업 초기 참여, 스톡옵션을 많이 주는 조건에서 일하는 등 주식성 수익을 추구하는 것이다. 이 경우 리스크에 노출되는 돈은 자신의 「인적 자본」이다. 쓸 수 있는 것은 아끼지 말고 빨리 써라.

회사가 망하거나 해고를 당하게 되면 다시 시작하면 되고, 지금은 예전과 달리 그런 것들이 가능해졌다. 부동산 투자와 달리 실패해도 빚이 남지 않는다.

주식성 보상에 접근할 기회가 좀처럼 주어지지 않거나, 더 많은 기회가 있는 건 알겠지만 리스크를 감수할 용기가 나지 않을 때는 적어도 자신이 가진 금융 자산에라도 리스크를 감수하게 하는 역할을 맡기는 것이 투자다. 그림 4에서는 이를 「노림수 B」로 표시했다.

솔직히 말해, 이 방식은 다소 「겁쟁이」 같은 선택지다. 「노림수 A」의 인생보다 지루하고, 경제력을 쌓는 데 매우 오랜 시간이 걸린다. 그럼에도 아무것도 하지 않는 것보다는 훨씬 낫다.

물론 「노림수 A」와 「노림수 B」를 병행해도 무방하며, 그렇게 하는 것이 합리적이다.

앞으로 살아갈 너는 적절한 리스크를 감수하며 효율적으로 벌고, 기분 좋은 인생을 살길 바란다.

제 3 장

조금 더 이야기해 두고 싶은 것

이 장에서는 아들과 술잔을 기울이며 나누고 싶은 이야기를 적으려고 한다. 아마도, 이제 아빠에게는 아들과 그런 시간을 가질 여유가 남아 있지 않을 테고, 이제 18살이 된 아들이 앞으로 술을 마시게 될지 어떨지 알 수 없구나. 난 아들이 술을 마셔도 좋고, 마시지 않아도 좋다.

어쨌든 내 말을 들어줬으면 한다.

일하는 요령, 메모

첫 장에서도 말했듯, 비즈니스 세계도 천천히 그리고 불규칙하게 변하고 있다. 하지만 시대가 바뀌어도 변하지 않는 원칙과 요령이 있다.

돌이켜 보면, 나는 쇼와 시대에 태어난 비즈니스맨 중에 다소 좀 특이한 이력을 가졌다. 이직을 12번이나 했고, 부업도 30년 넘게 해왔다. 덕분에 「일하는 방식의 혁신」을 직접 경험한 사람이다.

그럼에도 나는 스스로 뛰어난 비즈니스맨이라고 생각하지 않는다. 위대한 인물도, 큰 부자도 되지 못했다. 아빠에게 뭐가 부족했는지는 네가 한번 생각해보면 좋겠다. 그래도 돌이켜 보면 전반적으로 즐거운 직장생활이었고, 누구에게 열등감을 느낀 적도 없으며, 돈이 부족했던 적도 없었다(조금 더 벌었으면 좋았겠다 싶긴 하지만).

이 장에서는 일하면서 돈을 버는 몇 가지 요령을 너에게 전해주고 싶다. 나중에 생각해보면 당연한 일이었지만, 그때는 미처 깨닫지 못해 손해를 본 경험이 많았기 때문이다.

자신의 인재 가치를 중심으로 생각하라

일할 때 가장 중요하게 생각할 점은, **자신의 「인재 가치」를 키우고, 지키고, 살리는 것**을 중심에 두라는 것이다. 이것은 앞으로도 유효한 사고 방식일 것이다.

예전에는 소속된 조직이 든든한 울타리가 되어 주었지만, 앞으로는 그것만으로는 불안정하고, 오히려 불리한 면이 있다.

인재 가치는 일의 「능력」과 그 능력을 실제로 일에 쓴 「실적」으로 평가되고, 거기에 앞으로의 「가용 시간」이 더해진다. 공식으로 표현하면 다음과 같다.

> 인재평가 = (능력 + 실적) × 보유 시간

지식이나 자격 등 일하는 데 필요한 능력이 있어도, 실제로 그 능력을 업무에 적용한 경험이 없다면 인재로서 충분히 평가받지 못한다. 능력을 갖추는 것도, 업무 성과를 쌓는 데는 모두 「시간」이 필요하다. 시간이 관여되면 계획을 세우는 것이 필요해지고, 이로 인해 더 효과적으로 활용할 수 있게 된다.

그리고 같은 능력·실적을 가진 사람이라도, 더 젊고 앞으로 그 사람이 가진 능력을 쓸 수 있는 「가용 시간」이 긴 사람이 인재로서의 가치가 더 높다. 그래서 나이가 들수록 비즈니스맨에게는 불리한 점이 많다.

참고로, 매우 열심히 일하는 사람의 경우에 인재 가치의 정점은 대략 35세쯤에 온다.

첫 직장은 「흥미롭고」, 「가치관에 맞는」 일

    선택한 직업이 자신에게 맞을지는 직접 경험해 보기 전에는 알기 어렵다. 직업 선택은 새로운 사람을 만나는 것처럼 경험하는 과정이다. 먼저, 시간을 투자하고 몰입할 수 있을 만큼 흥미롭거나 자신의 가치관에 맞아 보이면 우선 일을 시작해보자. 만약 맞지 않으면 다른 직업으로 바꿔도 괜찮다.

    흥미를 느끼고 재미있다고 느껴지는 일이 아니면, 경쟁에서 이기기 위한 노력을 지속하기 힘들다. 이렇게 되면 경쟁에서 불리해질 수 밖에 없다.

    또한, **자신의 가치관에 맞지 않는 일은 정작 중요한 순간에 최선을 다하기 어렵다**. 예를 들어, 증권 영업을 하면서 어떤 사람은 「노력하면 성과를 낼 수 있고, 사회에도 도움이 되는 일」이라고 느끼는 사람도 있고, 「성과를 내기 위해 거짓말을 하는 것 같아 싫다」고 느끼는 사람도 있다.

아빠는 네가 앞으로 어떤 일을 선택해 살아갈지 궁금하다. 꼭 네가 진심으로 원하고 좋아하는 일을 만나길 바란다.

빨리 「이직할 수 있는 인재」가 되라

예를 들어, 요즘은 AI(인공지능) 같은 새로운 기술이 주목받고 있다. 앞으로 몇 년 안에 지적인 전문직도 AI로 대체될 수 있다. 그래서 **입사 후 2년 정도는 일을 잘 배우고 준비해서 「이직이 가능한 인재」가 되는 것이 중요하다.**

지금은 막막해도 2년 뒤에는 미래가 밝은 직업을 찾을 수 있을 것이다. 젊을수록 직종 전환이 유리하다.

자기 투자로 얻는 것은 지식·스킬·경험·인간관계·시간

예전에도, 앞으로도 인재 가치 향상을 위해 자기 자신에게 투자하는 것은 변함없이 중요하고 의미가 있다.

자신이 투자하는 것은 시간·노력·돈 이 세 가지다. 그리고 투자로 얻을 수 있는 것은 ①지식 ②스킬 ③경험 ④인간관계 ⑤시간이다.

일에서 차이를 낼 수 있는「지식」, 일 능력 향상으로 이어지는「스킬」습득에는 지속적인 노력이 필요한 경우가 많다. 자기만의 공부법(최신 논문 읽기 등)이나 기술 습득법(선배에게 배우기 등)을 연구해라.

자기 투자라고 하면 많은 사람들이 특수 대학원 같은 교육기관을 떠올리지만, 그곳에서 가르치는 내용은「누구나 알 수 있는 지식이나 노하우」

인 경우가 많고, 쓸데없이 버리는 시간이 적지 않다. 또, 유감스럽게도 국내 MBA는 이력으로서의 가치가 높지 않다. 자칫하면 「이 사람은 회사 일에 소홀하고 직장에 불만이 있는 사람 같다」고 생각될 여지도 있다.

자기 투자에 가장 필요한 것은 시간이다. 예를 들어 직장과 가까운 곳에 살며 공부나 인간관계에 더 많은 시간을 쓰는 것도 효과적인 자기 투자가 될 수 있다.

시간의 경제적 의미 : 연봉과 시급으로 본 가치

자신의 시간에도, 타인의 시간에도 경제적 가치가 있다는 것을 의식하자. 예를 들어 연 250일, 하루

8시간 일한다고 가정하면, 연봉 1,000만 엔은 시급이 5,000엔, 2,000만 엔이면 1만 엔이 된다.

그리고 실제 일에 투입할 수 있는 시간의 가치는 아마 그것보다 더 높을 것이다.

한 분야에 대한 자기 투자 기준은 「2년」

학문이든 일이든, 2년간 집중하면 「초보 수준을 넘어설 수 있다」. 이 시점에 그 분야가 자신의 적성에 맞는지 판단해봐라. 그 분야가 마음에 들고 유망하다면 시간과 노력을 계속 투자하면 되고, 2년 해봐도 안 맞으면 아마 그 분야는 자신에게 맞지 않을 가능성이 많으니 다른 길을 찾아도 늦지 않다.

「머리가 좋은 사람」, 「재미있는 사람」, 「진짜 좋은 사람」과 어울려라

　인간관계는 중요한 자산이 된다. 자신을 바꾸고 싶다면 만나는 사람을 바꾸거나, 시간 쓰는 방법을 바꾸는 것이 중요하다.

　함께 하면 항상 좋은 영향을 주는 「머리가 좋은 사람」, 센스가 있고 아이디어 풍부하여 발상에 도움을 주는 「재미있는 사람」, 진심으로 마음을 터놓을 수 있는 「진짜 좋은 사람」과 가까이 지내도록 노력해라. 그러려면 너도 이 세 사람 중 한 명이 되어야 한다.

인간관계의 기본은 「시간 엄수」와 「산뜻한 인사」

인간관계에서 가장 기본은 「시간을 꼭 지키기」와 「밝고 산뜻하게 인사하기」이다. 너도 이 기본이 왜 중요한지 잘 알겠지만, 꼭 지키길 바란다.

스터디 모임은 주최하는 역할을 맡아라

「스터디 모임」은 인맥과 지식을 넓히기 위한 좋은 방법이다. 모임은 네가 스스로 주최하거나, 기존에 운영되던 모임이라면 주도적인 역할을 맡아라. 자신이 주최하는 스터디 모임이라면 주제, 강사, 일정, 멤버 모두 자신에게 유리하게 선택할 수 있다.

또, 모임 연락 등을 통해 멤버들과의 관계를 돈독히 할 수 있고, 모임을 주도하고 관리하는 일을 통해 사람들이 너에게 편하게 「신세」를 질 수도 있게 된다.

아빠는 이 점을 너무 늦게서야 깨달았다. 스터디 모임에 나는 주로 「초대받는 사람」이었고, 그걸로 만족했었다. 비즈니스맨으로서는 지금 하는 일에만 너무 몰두하고 늘 마음이 성급했던 것 같다. 지금은 그걸 많이 후회하고 있다.

작은 일이지만 아들에게는 꼭 실천하라고 말해 두고 싶다.

회식은 대충하지 마라

 정치인들을 보면, 거의 매일 회식을 하면서 중요한 이야기를 나누는 걸 볼 수 있다. 회식은 그만큼 중요한 자리이다. 「일은 회식이나 술 없이도 할 수 있다」는 사람들은 보통 깊은 대화를 많이 하지 않는 경향이 있다.

 일에서도, 사적인 자리에서도 회식은 「대충하지 않는 것」이 중요하다. 회식도 처음에는 적응하기 힘들어도 익숙해지면 쉬워진다.

 주최자로서 장소를 정해야 하는 경우라면 반드시 한 번은 가 본 곳을 선택하라. 인터넷 정보만으로 선택한 곳을 가게 되면 메뉴나 맛이 실망스럽거나 사람들이 가기 편하지 않은 위치에 있는 경우가 많다. 또 중요한 회식의 경우, 미리 메뉴를 알고 장소에 익숙해지는 것이 중요하고, 유리한 경우도 있다.

한 번 방문해 인사를 해두면 음식점에서 너를 기억하고 좀더 대접받을 가능성이 높다.

식사 자리에서는 각자가 얼마나 먹고 마시고, 어떤 기분과 상태인지 항상 파악하는 습관을 들여라. 자신의 식음 페이스를 조절하면서, 음료를 추가로 주문할 타이밍이나 음식의 양을 조절하는 등으로 센스를 발휘하면 좋다.

왜 그렇게까지 해야 하느냐고? 해야 한다! 하다 보면 어렵지 않고 괜찮아진다. 익숙해지면 자연스레 할 수 있는 일이다.

또, 처음 간 곳이나 소개받은 곳이 마음에 들면 조만간에(1개월 이내) 다시 가서 「지난번이 맛있어서 다시 왔다」고 하면 대개 얼굴과 이름을 기억해준다. 그러면 그 후 1년 정도는 효과가 있다.

술은 「한 단계 위」를 마셔라

　체질이나 취향은 다 다르지만, 체질적으로 술이 잘 맞고, 맛있다는 생각이 들며, 취했을 때 나쁜 기분이 들지 않는다면, 술은 삶의 즐거움의 하나로서도, 인간관계에서도 플러스 요인이 될 수 있다.

　술은 또래들이 마시는 것보다 의식적으로 한 단계 위를 마시겠다는 생각을 하면 좋다. 산토리(Suntory) 위스키라면, 평소 친구들과는 보통 등급의 「카쿠빈(角甁)」을 마시고, 혼자 마실 때는 「하쿠슈(白州)」, 「야마자키(山崎)」를 마시는 식이다. 간단히 말해, 혼자 마실 때의 두 위스키는 보통 등급의 위스키보다 한 단계 위의 고급 위스키를 말한다. 평소에 이렇게 해두면 나중에 인간관계의 수준이 오를 때를 대비할 수 있다.

　술에 대해 잘 아는 것도 좋다. 술을 알기 위한 한

방법으로, 와인은 기본 지식 범위가 넓어 잘 아는 사람이 많으니 그건 넘어가고, 위스키에 정통해지는 방법이 있다. 주요 증류소의 특징을 익히면 사람들과 꽤 재밌게 술이야기를 할 수 있다. 위스키는 와인보다 기본 지식 범위가 훨씬 좁다.

술은 어디까지나 「맛있다」고 느끼는 범위 내에서 마시는 것이 중요하다. 취하려고 마시는 건 바람직하지 않다. 홧김에 마시는 술은 금물이다. 기분이 안 좋은 날은 오히려 마시지 않겠다는 마음가짐을 갖는 것이 중요하고, 술과 소중하게 어울리는 것이 좋다.

또한, 「술로 인한 실수」에 대해 지금은 예전보다 관용적이지 않으니 각별히 조심해야 한다.

그건 「아버지가 할 말은 아니잖아요?」라고? 글쎄, 그럴 수도 있겠다. 술을 좋아했던 아빠를 네가 이해해주면 좋겠다.

커리어 플래닝에서 의식해야 할 「28세」, 「35세」, 「45세」

　예전과 지금은 일하는 방식이 많이 변했지만, 인간 그 자체는 크게 변하지 않았다. 조직 생활을 전제로 한 커리어 플래닝에서 의식해야 할 세 가지 나이대는 지금도 별로 달라지지 않았다. 그걸 간단하게 정리하면 다음과 같다.

- 28세까지 자신의 「직」을 정하라
- 35세까지 자신의 인재 가치를 확립하라
- 45세부터 세컨드 커리어를 준비하라

28세는 30대 전반을 살리기 위한 데드라인

비즈니스맨으로서 능력의 전성기는 바로 30대 초반이다. 일을 익혀서 힘도 남아 있고, 아직 신선한 감각도 남아 있다. 조직원이든 프리랜서든 이 시기에는 일할 기회가 많고, 업무 실적을 쌓기에 좋은 시기다. 이 시기를 일을 좀 많이 배우면서 맞이하길 바란다.

새 일을 익히는 데는「집중 노력으로 2년」이라고 생각하면, 자신의「직」이 될 전문 분야를 정할 데드라인은 30세 - 2년 = 28세다. 또, 28세쯤부터 완전히 새로운 것에 적응하는 능력이 현저하게 떨어지는 경우가 많다.

취업 후에도「직」선택에 시행착오를 해도 좋지만, 28세 정도를 기점으로 생각하길 바란다.

35세에 인재로서의 평가가 정해진다

30대가 되면 능력도 실적도 개인차가 크게 벌어진다. 그리고 조직 내에서도, 업계 내에서도 「이 사람은 된다 / 안 된다」, 「큰 인물이다 / 작은 인물이다」와 같은 **개인의 인재 가치 평가가 거의 35세에 정해진다**. 대기업의 경우에는 승진 등 눈에 띄는 차이는 좀 더 이후에 드러나지만, 인재 평가는 대략 35세쯤에 확정된다.

35세까지 인재로서의 가치를 완성하겠다고 의식적으로 생각해라.

45세가 커리어의 분기점

 인생은 한 회사나 일에만 의존하기에는 조금 길다. 회사나 공무원의 정년은 60, 65세일지 모르지만, 그 이후가 길다. 그리고 조직이 너에게 기반이 되어주는 기회는 점점 줄어들고 보잘것없어진다.

 45세쯤부터 노년을 대비한 「세컨드 커리어」 준비가 필요하다. 준비가 늦어지면 할 수 있는 일의 범위나 규모도 그만큼 작아진다.

 준비에 필요한 것은 일에 필요한 「능력」과, 자신의 일을 사줄 「고객」 두 가지다. 이 두 가지는 모두 얻는 데 시간이 걸리는 일이다. 그러니 준비는 빨리 시작할수록 좋다.

이직은 「인재 가치를 살리기 위한」 수단이다

제1장에서 위험을 감수하는 일의 방식이 적합해지는 배경으로 노동 시장의 유동성 개선을 들었다. 이는 즉, 「이직이 쉬워졌다」는 뜻이다. 자신도 수단으로서 이직을 잘 활용할 필요가 있다. 직업 인생에는 자신이 가진 인재 가치를 키우거나, 지키거나, 살리기 위해 이직이 필요한 경우가 있다.

이직해도 좋은 이유는 세 가지

이직을 정당화할 수 있는 목적은 크게 나누면 다음 세 가지다.

① 일을 배우기 위한 이직
② 일의 능력을 살리기 위한 이직
③ 라이프스타일을 바꾸기 위한 이직

전형적으로, ①은 주로 20대에 일을 배우기 위한 목적, 업무 레벨을 올리기 위한 이직, ②는 주로 30대에 일의 스케일을 키우거나 소득을 올리기 위한 이직, ③은 주로 40대 이후 라이프스타일을 바꾸기 위해(또는 세컨드 커리어 준비를 위해) 하는 이직이다. 나이에 얽매일 필요는 없지만, 자신이 무엇을 위해 이직을 하려고 하는지 자각할 필요가 있다.

이직을 「항상」 의식하라

자신에게 어떤 이직 기회가 있고, 자신이 얻을 수 있는 경제적 조건이 얼마나 되는지에 대해 항상 정보를 파악하고 있어야 한다. 사람을 고용하는 회사나 조직도 전체 에너지의 몇 퍼센트를 채용에 쏟을지 검토하는 경우가 많다. 그러니 구직자 입장에서도 이 점에 무관심해서는 안 된다.

정보원으로는 같은 업계, 같은 세대, 약간 선배 또래와의 네트워크를 소중히 하자. 물론, 교우 관계도 활용하고, 인재 소개 회사·헤드헌터와 때때로 연락을 해서 이직 시장 정보를 얻는 것도 유효하다.

이직의「코스트」를 의식하라

 이직의「비용」으로 신경 써야 할 주된 것은, 이직 때 무수입이 되는 기간의 생계비, 커리어 공백으로 인한 인재 가치 저하, 이직 후 수입 감소나 연금·퇴직금 손실 등이다. 특히 앞의 두 요인이 삶에 큰 영향을 미치므로, 가급적 공백 없이 다음 직장으로 옮기는 것이 중요하다.

 「이직은 원숭이 나뭇가지 건너기」라고 기억하라. 원숭이는 다음 가지를 잡고 나서야 전에 잡고 있던 가지를 놓는다. 또, 땅에 떨어진 원숭이(구직활동 중인 무직 상태)는 매우 약한 상태가 된다.

 이직 때 여유를 갖기 위해, 생활비를 줄이는 것, 경제적 여유를 충분히 갖는 것, 한동안 생계를 뒷받침해줄 배우자가 있는 것 등이 유효하지만, 이런 게 없다고 해서 일방적으로 수세에만 몰리면 인생이 재미없다.

「어떻게든 되겠지!」라는 마음가짐도 때로는 중요하다.

작아도 부업 기회는 놓치지 마라

수입이 크지 않더라도, 부업 기회가 있다면 꼭 활용해라. 원고 작성, 디자인, 앱 개발, 조사, 컨설팅, 물품 판매, 음식점 서빙 등 여러 부업이 떠오를 것이다.

작아도 수입이 있으면 보람도 있고 자신감도 생긴다. 부업이 훗날 본업의 씨앗이 되기도 한다. 본업 외에 「또 하나 다른 세계」를 갖는 효용은 크다.

본업이든 부업이든 가끔 점검하라

　본업이든 부업이든, 그 일 자체나 방식이 낡지 않았는지 가끔 점검하라.
　좋아 보여 시작한 프로젝트나 부업도, 아버지 경험으론 10년쯤 지나면 시들해지는 경우가 많았다. 그때마다 고객 타겟을 바꾸거나, 일하는 방식을 바꾸거나, 새로운 일을 시작하는 등 변화를 시도해왔다.
　아들아, 꽤 먼 일이겠지만, 너도 가끔 자신의 일의 생산성이 떨어지지 않았는지 점검해보면 좋겠다. 그리고 의식적으로 변화를 시도해라.

워라밸은 「적당히」 관리하라

이미 만족할만큼 성공한 사람들은 「인생에는 일보다 중요한 게 있다」고 말하는 경우가 많다. 그 말은 거짓이 아니지만, 스타트업으로 성공한 사람들의 대부분은 젊었을 때 「일벌레」였다. 성공하려면 몰입하여 고도로 집중하는 시기가 필요하다. 물론 건강이나 가족과의 균형도 중요하지만, 워라밸은 「적당히」 하는 것이 좋겠다.

돈은 필요한 만큼만 벌면 된다

아빠는 「벌고 싶다면 유리하게 벌라」는 말은 하지만, 너에게 부자가 되라, 크게 벌라고는 한마

디도 하지 않았다.

   돈은 부족해 무언가를 선택할 때 제한적일 정도라면 무의미하지만, 그 자체를 인생의 목표로 걸 필요는 없다. 예를 들어, 재미있다고 느끼는 일을 통해 필요한 만큼 돈을 벌 수 있다면 그걸로 충분하다.

   물론 남과 똑같이 하지 말고, 네 스스로 「방법」을 고민해보거라.

기회비용을 놓치지 마라

   돈 이야기라면 이 정도에서 끝내도 되지만, 조금만 더 아빠가 너에게 들려주고 싶은 이야기가 남았다.

   인생의 여러 의사결정에서 「기회비용」을 놓치지 않는 것과, 다음에 설명할 「매몰비용(선입비용,

sunk cost)」에 매달리지 않는 것이 중요하다. 당연한 이야기인데 많은 사람이 이걸 잘 하지 못한다.

기회비용이란, 어떤 선택을 함으로써 포기한 선택지 중 이익이 가장 큰 것의 그 이익을 비용으로 보는 개념이다.

예를 들어 대학원에 간다면, 대학원 전체 비용은 등록금뿐만 아니라 그 기간에 일해서 벌 수 있었을 소득, 경험 등 가치의 기회비용을 더한 것이다.

매몰비용(선입비용)에 얽매이지 마라

매몰비용이란 이미 발생하여 회수할 수 없는 비용을 말한다. 의사결정에 있어서는 매몰비용은 무시하고, 앞으로 바꿀 수 있는 미래에만 집중하는 것이 옳다.

공사 프로젝트라면, 과거에 이미 지출한 비용은 회수할 수 없는 매몰비용이므로, 의사결정에서 완전히 무시해야 한다. 향후에는 오직 앞으로 들 비용과 완성 시점의 이익만을 객관적으로 비교하여, 이익이 크면 사업을 계속하고 손해가 예상되면 즉시 중단하는 것이 합리적인 판단이다.

투자의 경우라면, 주식이나 펀드가 매입 가격보다 하락하여 발생한 평가손실은 매몰비용과 같으므로, 현재의 투자 결정에 영향을 주어서는 안된다. 앞으로는 오직 해당 자산의 미래 가치와 앞으로의 전망만을 냉철하게 고려하여, 가치 상승이 예상되면 보유하고 하락이 전망되면 손해를 감수하고 정리하는 것이 현명한 행동이다.

평론은 이해관계와 호불호를 잠시 내려놓는 게 핵심

 마지막으로 경제 평론가로서 아빠의 개인적인 「일의 노하우」를 남겨두겠다. 평론의 핵심은 「균형 잡힌 시각」이다. 어떤 사안을 분석할 때는 자신의 개인적인 이해관계(손익)나 호불호를 의도적으로 잠시 미뤄두고 바라보아야 한다. 물론 자신의 금전적 이익, 일상에서 느끼는 감정, 특정 인물이나 국가에 대한 좋고 싫음을 내려놓는 일이 결코 쉽지는 않다. 하지만 이러한 객관적인 태도 역시 습관처럼 익숙해지면 오히려 분석의 재미와 깊이를 더해준다. 너는 경제 평론가가 될 일은 없겠지만, 이 원칙, 즉 「사적인 감정을 배제하고 사안의 본질을 보라」는 말만은 여기에 남겨두고 싶다.

마지막 장

작은 행복론

이 장에는 「행복」에 대한 아빠의 생각을 너에게 전하려고 한다.

행복의 결정 요소는 실은 단 하나

대부분의 사람은 행복하기를 원한다. 그렇다면 행복을 느끼는 「요소」 또는 「척도」는 무엇일까. 많은 선인들이 이 문제를 고민해왔다.

아빠는 이 문제에 대해 잠정적인 결론을 내렸다. 사람의 행복감은 거의 100%가 「자신이 인정받고 있다」는 감각(「자기 인정감」이라고 하자)으로 이루어져 있다고 생각한다.

현실적으로 예를 들어 의식주 비용을 0으로 할 수는 없으므로 「부유함·돈」이 약간 필요할지도 모르지만, 요소로서는 사소하다. 또한 「건강」은 별개

일 수 있어서 여기서는 제외한다.

돈과 자유, 그리고 행복 사이의 미묘한 균형

「자유도+풍요함」, 「부+명성」, 「자유도+풍요함+인간관계」, 「자기 결정 범위의 크기+좋은 인간관계+사회 공헌」, 「자유도+풍요함+매력도」 등 아빠는 여러 조합을 생각해 보았지만, 결국 명확한 결론을 내리지 못했다.

잠시 살펴보자.

예를 들어, 자신이 할 수 있는 것, 즉 자유의 범위가 넓은 것은 일반적으로 행복하다고 여겨진다. 반면에, 「좋아하는 일」로 돈을 벌어 부유해지는 것은 쉽지 않다.

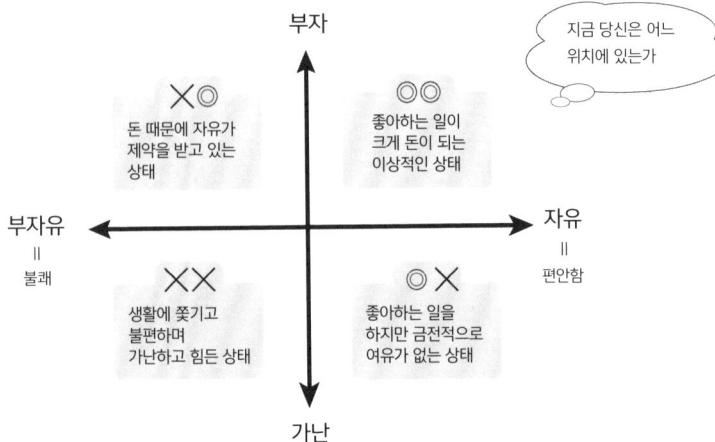

그림 5. 돈과 자유의 포지셔닝

오히려 좋아하지 않는 일을 참고 견디며 돈을 버는 것이 부유함에 이르는 지름길이 되는 경우가 많다.

이처럼 자유를 참아 돈으로 바꾸는 교환 회로가 존재하는 한편, 돈이 있으면 가고 싶은 곳에 갈 수 있고, 좋은 집에 살 수 있으며, 나아가 「트로피 배우자(사회적 지위, 부, 명성을 상징하거나 과시하기 위한 상징적 의미가 큰 배우자를 의미)」까지 얻을 수 있다(무엇을 위해서인가는 별개로). 이렇게 자유의 범위를 넓히는

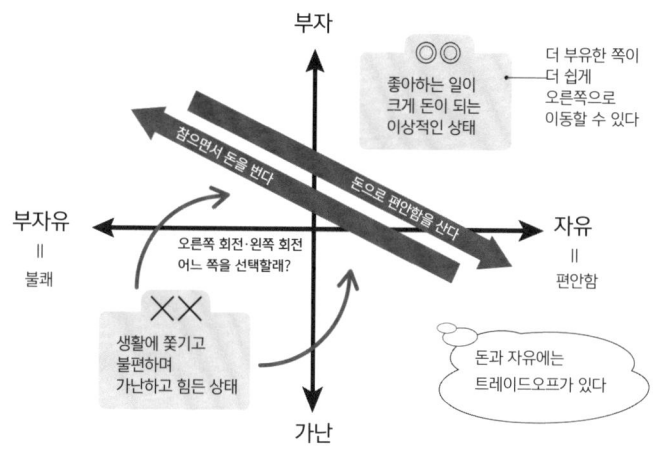

그림 6. 포지션 변경의 효과

것이 가능해진다.

그림 5에서는 돈과 자유의 위치 관계를 나타낸 것이다. 왼쪽 아래에서 출발한다고 가정할 때, 오른쪽 위를 목표로 시계 방향으로 갈지, 반시계 방향으로 갈지의 문제이다. 세상에는 반시계 방향을 택하는 경우가 더 많은 것처럼 보인다.

돈과 자유는 느슨하게 교환 가능하다(그림 6).

참고로, 아빠의 직업 인생을 돌이켜보면, 그림 7

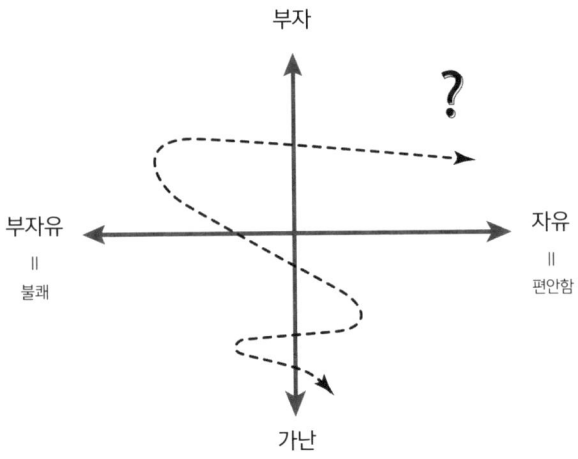

그림 7. 아빠의 인생을 되돌아보면

과 같은 모습일 것이다. 대체로 반시계 방향이다. 금융인으로서의 후반기(외국계 증권사로 전직한 이후)는 그다지 즐겁지 않은 시기도 있었다. 평론가로서의 비중이 커지고 자유도가 증가한 후에야 비로소 즐거워졌다.

「인기가 없는 남자는 행복해 보이지 않는다」

행복에 대해 여러 가지 「기준」의 조합을 시도해 생각해 보았다.

그중 「인기 정도」라는 항목이 이질적이면서도 매우 중요하다는 사실을 알게 되었다.

돈으로는 다양한 자유를 살 수 있고, 명성도 살 수 있으며, 일부 인간관계도 돈으로 얻을 수 있다. 하지만 자연스럽게 인기를 얻는 것을 돈으로 사는 것은 어렵다. 그리고 「자연스럽게」 인기가 있지 않으면 오히려 정신적으로 왜곡될 수 있다.

아빠의 관찰은 주로 남성에 편중되지만, 유명인과 사회적 성공자 중에도 「이 남자는 인기가 없어서 성격이 비뚤어졌다」, 「젊었을 때 인기가 없어서 성격이 꼬였다」고 생각되는 사람이 상당히 많았다. 이름을 대진 않겠지만, 많은 사람들이 인기가 없어서 성격이 왜곡된 것이 명백하다.

아빠 자신도 20대와 30대에 간절하게 인기를 원했지만, 다행히 「인기 없음」이 성격을 뒤틀 정도로 심하진 않았다고 생각한다(과연 그럴까?).

그 이후로 「인기」가 생리적으로 그렇게 절박하지 않게 되면서 상황이 다소 개선되었다. 그러므로 「인기 없는 남자」의 마음을 본래 잘 이해하며, 「인기 있는 남자」의 심리도 조금 이해하게 되었다.

여성에게 「인기」가 얼마나 중요한지는 체감하지 못하지만, 아마 남성만큼 중요한 요소일 것이라고 추정된다.

다양한 동물의 생태를 소개하는 TV 프로그램을 보면서, 태어나 어려운 환경을 견뎌낸 운 좋은 개체가 성장해 짝짓기 상대를 얻기 위해 경쟁하고 결국 죽는 모습을 본다. 특히 수컷이 그렇다. 인간도 이와 비슷하지 않을까.

인기가 없는 남자는 행복해 보이지 않는다.

「동료들의 칭찬」에 큰 가치가 있다!

사람의 행복감은 「인기(매력)」와 매우 가까운 곳에 뿌리를 두고 있는 것처럼 보이지만, 다른 예를 들어보자.

흔히 드는 의문이 있다. 「경제학과에서 최우수 학생이 사회에 나가 경제활동을 하게 되면 돈을 많이 벌 수 있을 텐데, 왜 경제학자를 목표로 할까? 이것은 경제 원리에 반하는 행동이지 않나?」

논리적으로 보면 효용 함수는 융통성이 있어서 「경제 원리에 반한다」고 할 수는 없지만, 참으로 신기한 현상이다.

그 이유는 「경제학 연구에 참여하고 있으며, 동

료들로부터 받는 칭찬」이 큰 가치로 느껴지기 때문일 것이다.

「페라리 한 대를 받는 것보다 좋은 논문 한 편을 쓰고 최고 수준의 학술지에 게재되어 동료들로부터 칭찬받는 것이 훨씬 기쁘다」고 생각하는 경제학자가 적지 않을 것이다.

「동료들의 칭찬」은 큰 경제적 가치를 기대하는 것보다 더 큰 기쁨이다.

이 「동료들의 칭찬」의 높은 가치는 경제학자 세계에만 한정되지 않는다. 다른 학문 분야뿐 아니라 다양한 예술, 스포츠, 문학, 아트 분야에서도 마찬가지이다.

「나는 동료들의 평가와 무관하게 내 연구(작품)에 만족하므로 타인의 평가는 내 행복과 관련이 없다」고 주장하는 사람이 있다면, 「그것은 착각일 것이다. 좀 더 솔직하게 생각해보자」고 말하고 싶다.

요약하면, 동료들에게 받는 인정과 칭찬은 개인

에게 있어 경제적 보상 이상의 심리적 만족과 행복을 제공하며, 이는 다양한 분야에서 공통적으로 매우 중요한 요소다.

가치관의 99%는 타인이 만든 개념으로 이루어져 있다

처음부터 학문이든 예술이든 스포츠나 게임이든, 모든 분야는 과거부터 현재까지 많은 타인이 쌓아온 산물이다. 어떤 예술성이 있고, 어떤 연구가 연구로서 가치를 지니는가 하는 여러 요소는 전적으로 타인이 정하는 것은 아니지만, 타인의 가치관(즉, 타인의 시선)에 영향을 받고 있다.

개인이 자기 자유와 창조라고 생각하는 가치관도, 타인이 쌓아 올린 가치관에 아주 작은 것을 덧

붙였거나 몇 가지 선택지 중 하나를 선택한 것에 지나지 않는다.

특정 전문 분야가 아니더라도 「아름다운 울림의 언어」나 「정의」 같은 가치 척도는 과거부터 현재까지 타인이 형성한 수많은 감각의 영향을 받고 있다.

인간은 혼자서만 자신의 가치관을 형성하여 스스로 만족할 만큼 고성능으로 만들어지지 않았다.

이 점의 증거로, 「타인의 평가는 관계없다」고 주장하는 사람이 예술 작품이나 논문을 세상에 발표하는 것을 들 수 있다.

즉, 개인의 자유로운 창조라고 여겨지는 것조차도 사실상 사회적 맥락과 타인의 평가에서 완전히 독립되어 존재할 수 없음을 말한다.

동료들의 평가에는 「강력한 효과」가 있다

 동료들 사이에서 평가받는 것이 좋기도 하지만, 현실에서는 종종 곤란한 문제이기도 하다. 그 효과가 너무 강력하기 때문이다.

 예를 들어, 금융인이 양심을 버리고 이해력이 부족한 고령의 고객에게 수수료가 높은 상품을 파는 것은 조직 내 자신의 인사평가나 승진을 위한 것이다. 재무성 관료가 부적절한 시기에도 증세를 결정하는 것도 「동료들의 평가」 때문일 것이다. 참으로 어리석은 일이다.

 이는 남들로부터 긍정적인 평가를 얻기 위한 행동의 일환이지만, 때로는 소위 말하는 「집단 괴롭힘」의 형태로 동료들이 그의 평가를 철저히 깎아내림으로써, 그를 자살로 몰아넣기도 한다.

즉, 동료들의 평가가 너무 강하면 개인의 윤리나 판단을 흐리게 하고 심각한 부작용을 초래할 수도 있다는 것이다.

자기 승인감에 의한 마인드 컨트롤

자기 승인감으로 사람을 통제하는 데 가장 크게 성공한 것은 아마도 종교일 것이다.

자폭하는 테러리스트는 종교에 「세뇌」되어 「내세의 행복」을 믿으며, 자살마저 감수하고 테러를 행한다고 일반적으로 이해되지만, 과연 그럴까?

생각하기에, 종교의 「효용」은 내세의 행복에 대한 기대에 있는 것이 아니라, 현세에서 동료로부터 얻는 자기 승인감에 있을 것이다.

「모두」라고 단정할 자신은 없지만, 많은 종교는

신자들이 내세의 행복을 현실감 있게 믿기 때문이 아니라, 현세에서 집단 내에서 자기 승인감을 얻을 수 있는 「현세 이익」을 얻음으로써 성립하고 있다. 일부 신자들에 있어 이것을 갑자기 잃는 것은 자살까지 해서라도 피하고 싶은 사태일지도 모른다.

「내세」는 단지 「그럴 수도 있음을 부정할 수 없는 상황」으로 정신적인 도피처로 존재하면 그만이다.

젊은이든 노인이든 좋다. 외로운 사람을 찾았다고 하자. 그에게 「장소」와 「역할」을 부여하고, 동료들 안에서 평가받을 수 있는 체계를 만들면, 이른바 마인드 컨트롤은 그리 어렵지 않게 가능하지 않을까.

종교와 비슷하다고 하면 다소 극단적으로 느껴질지 모르지만, 직장을 퇴직한 노인이 자주 문제 되는 것은 회사나 직장이라는 장소를 잃은 그들에게 「있을 곳」이 없기 때문이다.

의식적으로 복수의 「장소」를 가져라

사람은 의외로 쉽게 조종당할 수 있다는 점을 잘 기억하자. 물론 자신이 원하지 않는 조종을 당하지 않기 위해서다.

자신의 의사결정을 자유롭게 하기 위해서는 복수의 장소를 갖는 것이 중요하다. 「학계」나 「회사」 등 한쪽에만 지나치게 몰입하는 것이 문제다.

「이 세계만 있으면 다른 것 따위는 없어도 된다」고 생각할 수 있을 정도의 장소를 회사 밖에 가지는 것이 이상적이다. 그런 장소를 얻으려면 상당한 노력과 시간이 필요하니 잘 기억해 두어라.

타인과의 비교라는 피하기 어려운 문제

자기 승인감에는 남들과의 비교에 빠지기 쉬운, 피하기 어려운 문제점이 있다.「그저 그런 수준」으로는 안정과 만족을 동시에 주지 못하기 때문이다. 그런 문제를 해결하려면 어떤 비교에서도 의도적으로「내려놓는」것이다. 나는 남들과 주로 부동산 소유를 비교할때 의도적으로 마음을 내려놓았다.

하지만 마음 깊은 곳에서는 타인과의 비교를 완전히 배제하는 것이 어려웠다.

행복감은 이렇게 쉽게 방해받기 마련이다.

「20% 늘어난 자유」를 복수로 결합하라

 타인의 가치관에 영향을 받는다고 해서 타인에 맞추거나 타인의 말에 무조건 따를 필요는 없다. 특히 경제적으로는 「타인과 비슷함」을 오히려 의도적으로 피하는 것이 적절하다고 2장에서 설명한 바 있다.

 아빠가 아들에게 권하고 싶은 것은 다양한 측면에서 타인보다 20% 정도 더 자유를 확장해 보라는 것이다. 일하는 방식, 생각, 가족 관계, 시간 사용, 취미, 연애, 친구 관계 등 무엇이든 좋다. 때로는 타인과의 갈등을 초래할 수도 있지만, 20% 정도의 차이라면 대부분 이해받을 수 있는 수준일 것이다.

 그리고 각각은 20% 정도에 불과해 보이지만 이러한 「20%」가 여러 번 조합되면 마치 곱셈처럼 자유의 범위가 확장된다. 그러면 너는 남들보다 좀더 흥미로운 사람이 될 것이다. 자유 확장에 용기를 가져봐라.

「나의 기쁨」을 언어화하라

행복은 인생 전체를 평가하여 점수를 내거나 누적 점수로 느끼는 것이 아니라, 일상 속 순간순간 느끼는 것이다. 「이제와 돌아보니 행복했다(불행했다)」는 생각이나 느낌은 긍정적인 의미가 없다. 이는 「매몰 비용」이기 때문이라고 할 수 있다.

일상의 하루하루, 순간순간을 소중히 여기자. 행복감은 「그 순간에 느끼는 것」이다.

그리고 자신에게 무엇이 기쁨과 행복을 주는지 깨닫는 것이 좋다. 가능하면 그것을 말로 표현해 보자.

아빠는 스스로를 되돌아보며, 무언가 새로운 「좋은 것」을 생각해내 그것을 사람들에게 전해 감탄을 받았을 때 자신이 기뻤다는 것을 깨달았다. 작은 명예욕 같은 것에 불과하다. 이것이 초라하게 느껴질지 모르지만 잘 생각해보면 일의 보람은 거의 이 정도에 가깝다고 느낀다.

그래서 이런 점을 간단한 모토로 만들었다.

「나의 모토는 ① 올바른, ② 가능하면 재미있는 것을, ③ 많은 사람에게 전하는 것이다」. 심플해서 마음에 든다.

아들아, 너도 자신이 기쁠 때가 언제인지 말로 표현해 보아라. 이것을 잘하면 마음이 훨씬 가벼워질 것이다.

「인기」의 비결은 단 하나다

 자연스럽게 인기 있는 남자는 행복해 보인다. 그런데 어떻게 해야 그런 사람이 될 수 있는지는 아직 아들에게 말하지 않았다. 아들도 알겠지만, 솔직히 말해 나는 「인기」의 달인이나 고수는 아니다. 다만, 목표만 말하고 해결책을 제시하지 않는 건 불성실하다. 아래는 가설일 뿐이지만, 인기 있는 남자가 되기 위한 팁이다.

 그것은 진심 어린 관심을 보이며 상대방의 이야기를 열심히 듣는 것이다. 무조건 듣기만 하면 된다. 이게 중요하며 아마 이것만으로도 충분할 것이다. 자기 이야기는 필요 없다. 자기 이야기를 하려면 어떤 자랑이나 어필이 섞이기 마련이다. 그러니 그만두자.

 나는 세상을 둘러보면, 흔히 말하는 스펙 좋은 남

자도 자기 이야기만 하는 남자는 놀랍도록 인기가 없다는 걸 알았다. 이것은 동시에 내가 젊을 때 인기 없었던 이유였을지도 모른다.

이 가설은 꽤 유용한 것 같다. 다만 검증할 샘플 수가 부족하다. 검증과 이론 발전은 아들의 몫으로 남긴다. 힘내라!

기분 좋게 살아라!

결론을 말하겠다. 인기 있는 남자가 되어라. 친구를 소중히 여겨라. 기분 좋게 살아라!

아빠의 긴 이야기를 들어주어 고맙다.

어른이 된 아들에게

아들에게 보낸 편지의 전문

이 편지는 네가 어른이 된 것을 진심으로 축하하고, 아빠가 너를 키우면서 고맙고 대견했던 마음을 전하기 위해 쓴 글이야.

이제 너는 어엿한 성인이 되었으니, 아빠는 부모로서 할 일은 다 했다고 생각해. 그러니 앞으로는 네가 진정으로 바라는 삶의 방식을 스스로 선택하고 자유롭게 살아가렴.

아빠가 널 키우면서 가졌던 속 깊은 생각들을 이 편지에 담았단다. 평소 말로 하기 어려웠던 마음들을 네가 이 글을 통해 조금이라도 이해하고 앞으로의 삶에 도움이 되었으면 좋겠어.

그리고 아빠는 직업(경제 평론가) 덕분에 잘 알고 있는, 「앞으로 세상이 어떻게 변하고 돈은 어떻게 벌어야 하는지」에 대한 조언도 함께 넣어두었단다. 이 내용들은 네가 사회생활을 시작하고 미래를 준비하는 데 큰 의미가 있을 거야. 더 구체적인 내용은 아빠가 쓴 책에 자세히 설명되어 있으니 꼭 한번 읽

어보길 바란다.

    아빠는 언제나 네 편이고, 너를 믿어! 네가 어떤 길을 선택하든지, 올바른 마음가짐과 포기하지 않는 끈기를 가진 네 모습 그대로를 늘 응원할게. 너는 이제 네 삶의 주인공이야. 빛나는 길을 스스로 만들어 걸어가렴.

어른이 된 아들에게

축하의 말

다시 한번 진심으로 축하한다. 얼마 전 네 생일도 있었고, 무사히 고등학교를 졸업한 데다가, 무엇보다 도쿄대학교 합격이라는 정말 자랑스럽고 감격스러운 소식을 듣게 되었으니 말이다.

겨우 열일곱 살이라는 어린 나이에 어려운 상황들을 이겨내고 이뤄낸 너의 성과는 정말 대단하다.

도쿄대 합격은 단순히 시험을 잘 봤다는 결과 이상의 의미가 있어. 스스로 목표를 정하고, 그 목표를 향해 끈기 있게 노력해 온 그 과정 자체가 앞으로 네 인생에서 엄청난 자신감이 될 거란다. 그 경험은 그 무엇과도 바꿀 수 없는 너만의 소중한 자산이야.

이제 대학에 가면 단순히 공부를 잘하는 것을 넘어, 다양한 재능과 깊은 생각을 가진 멋진 친구들을 만나게 될 거야. 그런 「똑똑하고 재미있는 친구들」과 함께 어울리면서 너 자신도 크게 성장할 수 있단다.

친구들과 잘 어울리지 못할까봐 걱정하지마라. 용기를 내서 그 친구들 속으로 당당하게 들어가 보렴. 분명 너만의 소중한 역할과 자리가 있을 거고, 너를 진심으로 응원해 주는 친구들도 생길 것이다.

물론 이 모든 것은 네가 스스로 이뤄낸 값진 결과다. 엄마와 아빠는 너의 노력을 가장 가까이에서 지켜보며 함께 응원하고 기뻐할 수 있어서 정말 행복해. 사람들이 「도쿄대생의 부모」라며 특별한 존경심을 보여줄 때, 우리는 그 감사함을 겸허히 받으며 무엇보다 너와 함께 이 기쁨을 나눌 수 있다는 사실에 진심으로 감사한다.

입시를 준비하는 동안 매일 정성껏 도시락을 싸

주고, 힘든 시간에도 언제나 곁에서 응원하며, 너를 위해 헌신한 엄마에게도 아빠는 진심으로 고마움을 전하고 싶다.

너의 미래가 늘 밝게 빛나기를 바란다. 그리고 네가 어떤 길을 선택하든, 아빠와 엄마는 언제나 너의 가장 든든한 응원군이 될 것을 약속할게.

이제 새로운 세상에서 너만의 멋진 이야기를 마음껏 펼쳐나가기를 진심으로 응원한다!

육아에 대한 생각

아빠가 너를 키우면서 느낀 솔직한 생각들을 여기에 기록해 두려 해.

사실 아빠는 처음에 「나와 닮은 아들」을 바랐단다. 네가 태어났을 때 정말 기뻤고, 평범하지만 진심으로 행복했어.

아빠가 너를 키울 때 가장 중요하게 생각한 건, 「쓸데없는 부담이나 압박 없이」 키우는 거였어. 물론 너는 때때로 「압박이 심하다」고 느꼈을 수도 있지만, 아빠의 생각은 달랐단다. 서로의 생각이 다를 수 있다는 점을 이해해 주길 바라.

아빠는 어릴 때 사랑은 넘쳤지만 엄격한 할머니 밑에서 자랐어. 그 덕분에 똑똑해지고 상황을 잘 파악하게 되었지만, 세상을 너무 부정적으로 보거나 자신과 남에게 지나치게 엄격했던 시절도 있었지. 아빠는 그런 내 모습이 아쉬웠고, 좀 더 자유롭게 자랐다면 어땠을까 생각했단다. 그래서 아빠가 도쿄대에 간 이유 중 하나는 할머니로부터 독립하고 싶다는 마음도 컸어.

아들에게는 엄마의 시선에서 벗어나 빨리 독립하는 것이 정말 중요해. 경제적으로는 쉽지 않겠지만, 아빠는 네가 스스로 독립해서 살아가길 바란다.

이것이 아빠가 너에게 남기고 싶은 가장 중요한 가르침이야. 네가 몇 년 앞서 진정한 어른으로 성장하는 데 큰 힘이 될 거라고 믿는다.

너의 할아버지는 교사셨는데, 아들에게 한결같이 애정을 쏟고, 관심사를 함께 나누며 철학을 솔직하게 전하는 멋진 아버지였어. 그런 점에서 보면 아빠는 많이 부족하다고 느껴. 선배 아버지와 비교하면 점수가 높지 않을 거야.

그럼에도 불구하고 「한 소년의 아빠」로서 나름의 역할을 해냈다고 생각하고, 그 시간들 속에서 큰 기쁨과 고마움을 느꼈단다. 10년 전 아팠던 어깨로 너와 캐치볼을 하고, 자전거 타는 걸 도와주고, 함께 탁구를 치고, 장기를 공통의 취미로 갖게 된 것은 정말 큰 행운이었지. 너와 함께 병원을 찾아갔던 경험 하나하나도 아빠에게는 소중한 역할이었어.

아빠는 일부러 공부를 가르치지 않았어. 사실 가르칠 자신도 없었고, 오히려 간섭하면 역효과가 날 것 같아 물러섰던 거야. 네가 스스로 흥미를 느끼는 대상을 찾아 한 걸음씩 나아가는 모습을 보고 아빠는 얼마나 안심했는지 모른단다. 꾸준한 노력 끝에 원하는 중학교에 입학하고, 그 이후에도 기대 이상의 길을 걸어가는 너를 보면서 네 안에 깊은 내공이 있다는 것을 느꼈어.

입시 공부가 힘들었겠지. 다른 걸 하고 싶었을 시간도 많았을 테고. 하지만 단언컨대, 네가 공부에 투자한 시간과 노력이 네게 가장 효과적인 선택이었다고 아빠는 생각해. 경쟁이 점점 세계적으로 치열해지는 상황에서, 지금까지의 노력은 앞으로 너를 더 특별하게 만들어 줄 거야.

다만, 흥미 없는 분야에 힘을 쏟으면 효율이 떨어지니, 언제나 네가 진심으로 관심을 갖는 주제를 찾아 꾸준히 공부하길 바란다. 아빠는 언제나 네 곁에서 너의 길을 믿고 응원할게.

너의 미래에 대해

이제부터 네가 무엇을 하든 아빠는 간섭하지 않을 거야. 어떤 선택을 하든, 어떤 길을 걷든 모두 네 뜻대로 살아가면 된단다.

대학을 중간에 그만둬도 좋고, 학생 신분으로 결혼하고 손자를 데리고 와도 멋진 경험일 거야. 시인이나 예술가, 심지어 혁명가가 되고 싶어도 괜찮아. 설령 법을 어기는 일이 생기더라도, 네 마음의 의도가 선하다면 아빠는 언제나 네 편이다.

아빠는 네가 아빠의 길을 따르거나, 아빠가 바라던 이상이나 사업을 물려받기를 기대하지 않아. 「아빠의 뜻」 같은 것에 얽매일 필요는 전혀 없다.

네가 무엇을 하든 늘 관심을 가지고 기대하며 지켜볼게. 그리고 무엇보다 건강하게 잘 살아주는 것만으로 아빠는 이미 충분해. 너는 열여덟 살 때 이미 효도를 다 했단다.

일본에서는 법적으로 만 18세가 어른이지만, 아빠는 네가 아직 어리다는 것을 잘 알고 있어. 하지만 네가 빨리 진정한 어른이 되길 진심으로 바란다.

다행히 너는 정말 잘 자라주었어. 키도 아빠보다 크고, 아빠가 오래전 꿈꿨던 도쿄대 이과에 당당히 합격했지. 장기도 잘 두고, 성격은 아빠보다 훨씬 좋아.「나를 업그레이드한 버전」같은 후손이 있다는 사실에 아빠는 묘한 안도감을 느껴. 아빠가 힘든 암 투병 중에도 침울하지 않은 이유가 바로 너 때문일 거다.

한 가지 권하고 싶은 건, 아이는 될 수 있으면 빨리 갖는 것이 좋다는 거야. 아빠는 결혼이 늦었지만, 결혼하고 아이가 있어도 자유롭게 살 수 있단다. 특히 아들은 정말 귀엽고 소중해. 아빠가 너를 사랑한 것처럼, 너도 네 아들을 그렇게 사랑하게 될 거라고 믿는다.

일은 네 마음이 끌리고, 네 가치관에 맞는 일이라면 무엇이든 좋아. 재미있으면 계속하고, 아니다 싶으면 망설이지 말고 바꾸렴. 너는 면접도 잘 보는 편이니 이직도 자유롭게 할 수 있을 거야.

돈을 버는 데는 「주식」을 잘 활용하는 것이 중요해. 창업이나 벤처 참여, 혹은 스톡옵션을 주는 회사로 이직하는 것도 좋은 방법이야.

아빠 세대는 전문가가 되어 「노동 시간 자체를 비싸게 파는」 방식이 최고였지만, 이제는 주식(자본)을 통한 보상이 훨씬 유리한 시대가 되었단다.

「리스크를 피해 안전하게 버는」 옛 방식 대신, 「자신에게 투자하면서 실패해도 괜찮을 정도의 리스크는 적극적으로 받아들이고, 그에 대한 보상을 얻는」 것이 이 시대를 살아가는 요령이다.

만약 일터에서 주식성 보상을 얻기 어렵다면, 인덱스 펀드에 장기간 투자하는 것이 훌륭한 방법이야. 부담도 적고, 평범한 사람도 할 수 있으며 다른 복잡한 투자보다 훨씬 낫단다. 「돈이 스스로 일하게 만드는 법」을 꼭 익혀두렴.

이 모든 말은 평범한 아빠의 마음이자, 경제 평론가로서의 전문적인 조언이다. 너의 앞날이 얼마나 빛나고 기대되는지, 아빠의 마음은 언제나 따뜻한 응원으로 가득하다.

나의 미래에 대해

아빠는 앞으로 남은 시간을 어떻게 보낼지 가끔 생각한단다. 이 소중한 시간을 가장 의미 있게 쓰는 방법을 찾는 것이 지금 나에게 가장 중요한 일이야. 하고 싶은 일은 많지만, 그중에서 아빠가 중요하게 생각하는 세 가지 기준이 있어.

첫째, 바르고 올바른 일이어야 하고, 둘째, 되도

록이면 아빠도 재미있게 할 수 있는 일이어야 해. 그리고 셋째, 많은 사람들에게 실제로 도움이 되고, 그 내용이 널리 알려질 수 있는 일이었으면 좋겠단다.

아빠가 일하는 가장 큰 이유는 경제 구조와 금융 비즈니스 속에 숨겨진 진짜 모습을 남보다 먼저 알아내고 싶기 때문이야. 그리고 그 사실을 냉철하지만 유머를 담아 널리 알려서 많은 사람들에게 도움이 되도록 하는 것이 아빠의 일이지. 이 마음은 아빠가 쓰는 한 권의 책이나 한 편의 기사 속에 늘 담겨 있단다.

예를 들어, 만약 시간이 충분하고 몸이 건강하다면 「마케팅의 속임수를 꿰뚫어 보는 서비스」를 만들고 싶어. 세상에서 칭찬받는 마케팅이라는 건, 사실 「물건의 본래 가치보다 더 비싸게, 더 많이 팔기 위한 기술의 총합」이거든. 소비자들은 이런 마케팅 때문에 필요 없는 물건을 사거나 비싼 값을 치르게 되지.

만약 이런 마케팅의 영향을 줄여주는 「면역 체계」같은 서비스가 생긴다면 소비자에게 큰 이익이 될 거야. 그런 도움을 주는 사업이 사람들에게 사랑받을 수 있다면 정말 의미 있을 것 같아.

하지만 이런 큰 꿈을 현실로 만들려면 아이디어 단계부터 매일 엄청난 노력과 시간이 필요해. 최소한 10년은 걸릴 거라고 보는데, 아빠에게 남은 인생이 10년이라는 현실 앞에서 쉽게 자신감이 생기지 않는 것도 솔직한 심정이야.

그래서 지금은 좀 더 가까운 미래에 바로 효과를 낼 수 있는 일에 집중하려고 해.

이케부쿠로에 있던 집을 떠나 아빠가 혼자 살기로 한 것도, 일과 취미, 생활 모두에서 더 많은 시간과 자유를 갖기 위해서야. 「이렇게 더 하고 싶다」는 마음이 많거든. 최근에는 취미에 쓰는 시간이 줄어든 것을 스스로 반성하기도 해.

얼마나 해낼 수 있을지는 모르겠지만, 네가 아빠

가 하는 일을 관심 있게 지켜봐 준다면 아빠는 정말 기쁠 것 같아.

늘 고맙고 사랑한다.

아빠가

마지막 말

 이 책을 모두 쓰고 나니, 저는 마음이 한결 가볍고 깊은 만족감을 느낍니다. 제가 우리 아들 세대에게 꼭 전하고 싶었던 이야기들을 빠짐없이 모두 담아낼 수 있었기 때문입니다.

 사실 저는 2022년 여름에 식도암 진단을 받고 치료를 했습니다. 그리고 2023년 봄에 암이 재발했다는 소식을 듣고는 한때 「과연 3개월이나 버틸 수 있을까」 하는 불안감에 휩싸이기도 했지요.

 그 힘들고 어두웠던 시간 속에서, 저에게 남은 짧은 시간 동안 꼭 하고 싶었던 세 가지 소원이 있었습니다. 그중 하나가 바로 이 책을 쓰는 것이었어요. 다행히 지금은 몸이 조금 회복되어 이렇게 마지막

글까지 쓸 수 있게 되었습니다. 나머지 두 가지 소원도 모두 이루었기에, 지금 이 순간이 저에게는 더욱 특별하게 느껴집니다.

이 책을 펼쳐 보신 독자 여러분은 이 글을 읽고 어떤 느낌을 받으셨나요?

저는 대학에 막 입학한 아들을 보면서, 지난 18년의 시간을 되돌아보고 아들에게 보내는 사랑과 감사의 편지를 썼습니다. 이 편지에 담긴 진심을 바탕으로, 다음 세대에게 꼭 전해주고 싶었던 이야기들이 바로 이 책의 시작이었습니다.

혹시 누군가는 「아들을 너무 자유롭게 키운 거 아니야?」라고 생각할 수도 있지만, 저는 자신 있게 말할 수 있습니다. 18년 동안 아들은 언제나 사랑스러웠고, 부모로서 충분히 칭찬하고 고마워하는 마음을 전해줬다고 생각합니다.

이 책은 아들에게 「이제 너는 스스로 모든 것을 선택하고 그 결과에 책임지는 진정한 어른이 되었다」고 알리는, 아빠와 아들 간의 「결별 선언」이자 새로운 시작을 축하하는 선물입니다.

아들에게도, 그리고 이 책을 읽는 모든 독자분들에게 이 글이 경제와 삶을 현명하게 살아갈 수 있는 든든한 「밝은 인생 사용 설명서」가 되기를 간절히 바랍니다.

마지막으로, 제가 가장 전하고 싶은 「행복의 비결」을 나누고 싶습니다.

행복은 잠깐 왔다 사라지는 「일시적인 감정」일 뿐이며, 인생은 단순히 남이 보는 「누적된 성적」으로만 평가할 수 없다는 것입니다.

실제로 「행복」은 자기 자신만이 끝까지 느낄 수 있지만, 「누적된 성적」은 오직 타인만이 보고 평가할 수 있습니다. 때로는 이것이 안타까운 현실일 수 있지만, 결코 희망을 포기할 이유는 되지 않습니다.

그러니 여러분 모두 「행복」과 「희망」이라는 두 가지를 모두 진지하게 마음속에 품고 삶을 살아가

시길 바랍니다. 제가 이 책을, 그리고 아들에게 보내는 편지의 마지막을 「나의 미래에 대해」라는 이야기로 마무리한 것도 바로 이런 마음에서입니다.

마음 깊이, 아들과 이 책의 모든 독자 여러분의 행복을 기원합니다.

야마자키 하지메(山崎 元)

작가를 애도하며

이 책은 2023년 봄, 작가님께서 자녀분이 대학교에 합격한 것을 축하하며 보내신 편지를 바탕으로 만들어졌습니다. 작가님께서는 이 편지가 꽤 정성스럽고 잘 쓴 글이라며, 책 기획에 도움이 될까 하여 저희에게 보여주셨습니다.

야마자키 작가님의 따뜻한 인생 철학이 고스란히 담긴 이 편지는 정말 훌륭했기에, 저희는 이를 바탕으로 오늘날의 젊은 세대에게 전하는 메시지를 부탁드렸습니다.

작가님은 힘든 투병 중에도 밝은 마음으로 글을 한 자 한 자 정성껏 써 내려가 주셨고, 저희는 그 글에 깊은 감동을 받았습니다.

안타깝게도 작가님께서는 이 후기를 모두 마치신 후, 2024년 1월 1일에 세상을 떠나셨습니다.

오랜 세월 동안 세상에 많은 지혜와 생각을 쉽고 유머러스한 문체로 전해주신 점에 깊이 감사드리며, 진심을 담아 애도의 마음을 전합니다.

편집부 드림

경제평론가 아빠가 아들에게 보내는 편지
돈과 인생과 행복에 대해

초판 발행 2025년 11월 1일

지은이 야마자키 하지메 (山崎 元)

옮긴이 정유진

발행인 김예은
발행처 노북(no book)
주 소 서울특별시 서초구 강남대로53길 8 11층
전 화 050-71319-8560
팩 스 050-4211-8560
출판등록일 2018년 7월 27일
등록번호 제2018-000072호
E-mail nonbookkorea@gmail.com

ISBN 979-11-90462-76-1 [03320]

Korean translation copyright © 2025, nonbook, Printed in Korea

+ 노엔북은 노북(no book)의 임프린트입니다.
+ 이 책은 저작권법에 의하여 한국 내에서 보호를 받는 저작물이므로 무단 전재 및 복제를 금합니다.
+ 잘못된 책은 바꾸어드립니다.